松野家の荒物生活

誠実な道具が支える
東京・下町の〝ナイスな暮らし〟

松野弘
松野きぬ子

◎目次

第3章 冨久子さんの美しい暮らし

《コラム》

荒物雑貨、ご存知ですか？

「荒物」とは、日々の家事や雑事に必要な道具のこと。化粧品や櫛《くし》といったこまごまとした「小間物《こまもの》」に対して、大きな日用品のことを指す言葉です。たとえば台所で使うざるや、掃除で使うほうき。ああいうのが荒物です。

　いまの言葉で言えば「生活雑貨」と言ったほうがいいのでしょうが、そんなに洒落たもんじゃない。気取らないあり方が「荒物」と呼ぶにふさわしいのではないかと、まあ、こう考えるわけなのです。

　身近な素材でこさえてありながら、使う人の仕事を存分に助けてくれる。それが荒物の身上です。竹林の近くでは竹ざるや竹ぼうきが、シュロの生える土地ではたわしが作られました。

　江戸時代の初めにはすでに荒物屋という商売が営まれていたようで、旅の荷造りに使う道具なんかを扱っていたそうです。

　明治時代になると、大八車に荒物を積んで売り歩く荒物屋が出てきました。半纏《はんてん》姿に笠をかぶり、脚絆《きゃはん》に草鞋《わらじ》といったいでたちで、荒物屋が売り歩きます。大八車には70～80種もの荒物を積み、20種類ぐらいは車のぐるりにもひっかけてあります。ざるにふるい、羽の煤払いに土瓶敷き、手ぼうき、座敷ほうき、蝋燭、味噌こし、なんでもござーい。

　時代とともに生活が変わると、荒物の種類も素材も、しだいに変わってきました。それでも荒物が日常から消え去ることはありませんでした。日々の生活を助ける荒物、なんでもござーい。

さて、令和の時代の東京下町に、一軒の荒物卸問屋があります。1945年創業の松野屋です。戦後間もなく、かばんや袋物の卸業を始めたのち、自然素材を中心とした荒物を専門に扱うようになりました。店をのぞくと、トタンのバケツにシュロのほうき、竹のざるにあけびかご、鉄のフック、アルミのピンチ。庭仕事や台所仕事、あるいは掃除や洗濯に、必要な道具はなんでもござーい。

　大きな工場で作られているものはありません。たとえば農閑期の農家で。あるいは、町工場の片隅で。たいていは夫婦や家族で細々と、そこに職人がせいぜい二人三人と加わってこさえています。いわゆる家内制手工業。必要に応じて機械も使いますが、まあ機械と言ったって、材料を折り曲げるとか穴をあけるといった単純作業を、手の延長みたいな機械に手伝ってもらいながらおこなっているのです。そうやって作られた荒物を、松野屋は国内やアジアの町をめぐって仕入れています。仕入れにいっちゃあ、茶を飲んで世間話。そうやって顔の見える関係が、長く長く、商いを支えていきます。

「荒物にはナイスなものが多いよね」とは松野屋店主、松野弘さんの言。荒物の強みは、まっとうな暮らしを営むなかで、長い年月作られ、使われてきたということ。だからつくりは素朴でも、使いやすい工夫が施されています。だからベストでもベターでもなく、ナイス。求めやすい値段で、良い仕事をしてくれます。

松野屋

ようこそ松野家へ。

荒物雑貨はどんなふうに暮らしのなかで役立つのか。どれほどよく働くのか。それを知るなら、荒物が働いているところを実際に見てもらうのが一番でしょう。

こちらがこの本の舞台、松野家であります。松野屋店主、松野弘さんのご自宅です。妻のきぬ子さん、母の冨久子さんと三人暮らし。子どもたちふたりは成人して、それぞれの場所で生活しています。

カウンターに吊り下げてあるのが土瓶敷です。その向こうの台所には、ざるに刷毛、おろし金……。お店で扱っている品物もあれば、昔から使っている荒物も。

自然素材で気持ちがいいし、家事が楽になるし、使い終わってからも土に戻る。そんな荒物の始末のよさが、松野家の暮らしには合っているようです。

松野家は、東京・浅草橋の路地裏に建っています。浅草橋は一見、ビルに囲まれた町だけれど、「ぼくらは、下町の季節感のなかで暮らしてる」と松野さんは言います。

往来を歩けば隅田川からの風がわたり、浅草の観音様も鳥越の商店街も蔵前の問屋街もご近所さん。そこでは昔ながらの生活が息づいています。鉢植えを育てたり、川べりで夕涼みしたり。鳥越のお祭り、近所づき合い、隅田川の舟遊び……。そういった小さな喜びをちりばめながら、下町の四季はめぐっていきます。

松野家から見えてくる、荒物のある日常と、年々歳々繰り広げられてきた東京下町の歳時記の、はじまりはじまり。

この本のおもな登場人物

松野弘さん

「暮らしの道具　松野屋」店主。京都「一澤帆布店」でかばん作りの修行をしたのち、家業を継ぐ。その後、松野屋の業態をかばんの卸業から荒物の卸業に転換。丈夫で長持ち、使い込むほどに味わいが増す〝民衆的手工業〟の製品を国内外から見つけ出し、紹介している。ブルーグラスや小唄、落語などに精通した趣味人でもある。

松野きぬ子さん

京都で実家が営んでいた喫茶店の看板娘をしていた時代に弘さんと出会い、結婚を機に東京へ。弘さんとともに松野屋を切り盛りしている。縫い物、編み物、織物など、さまざまな手仕事を手がけ、「羊雲」という屋号で作家活動もしている。

くまごろう

谷中の小沢さんにもらった黒猫。以来家族の一員として、20年以上松野家の暮らしを見守ってきた。池の縁から身を乗り出し、「みゃー」と大声でカメに呼びかける（?）姿も、松野家の日常風景のひとつだった。本書制作中、惜しまれつつ天寿をまっとうした。

松野冨久子さん

弘さんの母。故郷の山梨から松野屋の先代・一雄さんのもとに嫁ぎ、住み込み従業員の衣食住のケアなど、長年に渡り家業を支えた。「ものは最低二度使う」など、弘さんやきぬ子さんに受け継がれている習慣も多く、松野家の精神的支柱とも言える存在。90代となったいまも毎日朝一番にお化粧をし、掃除も食事も自分でこなす。

第1章　いつもの休日

6

一日の始まりは神棚と仏壇へのごあいさつから

朝6時。上野や浅草のお寺から鐘の音が聞こえてくる頃、松野家に柏手を打つ音が響きます。神棚の榊立てと水入れの水を取り替えると、パン、パン。

朝起きてすぐ、家長はまず、神棚と仏壇にお参りすること。これが松野家の朝の習慣です。

東京の下町には、家族でささやかな商いを営んでいる家がたくさんあります。こうした家々の多くは信心深く、商売繁盛を願って、神棚を大切にしています。

松野屋を創業したのは、弘さんの祖父、周三《しゅうぞう》さん。戦前は、浅草の花川《はなかわ》戸《と》で下駄や草履《ぞうり》の鼻緒をこさえていたそうです。ところが第二次世界大戦中、3月10日の東京大空襲で全焼。戦後、縁あって日本橋馬喰《ばくろ》町《ちょう》に店を構え、新しく商売を始めたのが、いまの商いにつながるかばんや雑貨の卸業だった、というわけです。新しい仕事をすると聞きつけて、花川戸にいた頃の知り合いや近所の人も「雇ってくれないか」「うちの息子を奉公に出したい」と頼みにきたそう。戦後すぐ、物資も働き口も少ないなか、人々は助け合いながら生きていたのです。

「番頭さんから、ここいらあたりの昔話をよく聞いたもんだよ。浅草六区で永井荷風がこうもり傘を持って歩いていたよ、とかね。空襲で言問《こととい》橋《ばし》を走って逃げたとか、戦後に六区で遊んだ話とかさ。遊ぶ金を作ろうにも売るものがなくて、山谷《さんや》で血を売って、その金で川向こうへ行って遊んだ、なんてことも聞いたなあ」と弘さん。

幼かった弘さんの周りには、粋な大人たちがたくさんいました。いい仕事をするには遊びも大事。真面目な人も不真面目な人も、それぞれに生きる場所があることを、弘さんは知らず知らず教わっていたのでした。

神棚には、近所の神社から授かったおふだとともに、

上・15ページ／まずは神棚の榊立てと水入れの水を取り替え、柏手を打ってごあいさつ。
下／一雄さんの写真がまつられた仏壇にも、線香をあげ、ごあいさつ。

椰子の実でできたお守りが納めてあります。このお守りは、弘さんの父、一雄さんが亡くなるまで大切にしていたもの。一雄さんは戦争で赴いた南方で、ひと晩中海を漂流したといいます。そのとき懐中にあったのがこの木の実。「命が助かったのはきっとこのおかげだ」と、一雄さんは生涯大切にしていたそうです。

「このとき親父が無事に戻ってこなかったら、おまえとも出会えなかったなあ」と弘さんが声をかけると、きぬ子さんが「あたりまえでしょ、そもそもあなたは生まれてなかったんだもの」。弘さんが「ちぇっ、せっかくいいことを言ったのによう」とひとりごちています。

最近松野家では、神棚にもうひとつ、大切なものを預けました。初孫、桜琥《おうが》君のへその緒です。夫妻の長女、あかねさんが授かった男の子。一雄さんのお守りと桜琥君のへその緒、どちらも松野家の宝物です。

神棚のお参りが済んだ弘さん、今度は仏壇の前に座って線香をあげ、ご先祖さんに朝のあいさつです。

仏壇に向かうとき、弘さんの心のうちには、ご先祖だけでなく、祖父や父の周りで働き、商いを盛り立てていた、粋な大人たちの姿が何人も浮かんでいることでしょう。どうか今日一日を見守ってください。無事に商いをさせてください。そう願いながら手を合わせます。

「私も拝みますから、そのままにしておいてちょうだい」と、ふすまの向こうから声が聞こえます。弘さんの母、冨久子さんです。

松野家は二世帯住居。弘さん夫妻の家と、のれん一枚隔てて冨久子さんの住まいに分かれています。神棚と仏壇があるのは、冨久子さんの居間。朝のおつとめは自然と、親子の朝のあいさつともつながっているのです。

一雄さんは戦争から戻ると、昭和24年に冨久子さんと結婚しました。写真の一雄さんはダンディーで、幸せそうな表情を浮かべています。冨久子さんが「主人は、真面目で、おとなしい方でしたよ」とにっこり笑って教えてくれます。仏壇の前で手を合わせる冨久子さんの爪はきれいに磨かれ、顔は品よく薄化粧。

「おばあちゃんは、一雄さんラブだよね」と弘さんがからかうと、冨久子さんは「ね、弘はいつもひと言多くてうるさいの」と言いました。

松野家のいつもの朝です。

6

ほうきの音も軽やかに。家の周りを清めてさっぱりと

さて、弘さんが仏壇に向かっている頃、きぬ子さんは家の周りを掃き始めます。ざっ、ざっ、ざっ。

このあたりはビルが増えてきたので、朝になると通りの落ち葉や紙屑が吹きだまります。それでも、シダの庭ぼうきでひと掃きすれば、平たいごみも細かいほこりも取れて、路地はさっぱり。

ついでに植木に水をやり、咲き終わった花がらを取ったりしていると、植物も生き生きとしてきます。眠たかった頭も、このひと仕事でシャッキリと。

「たとえ家の中のものがひっくり返っていても、朝起きたらまずはともかく外を掃く」――聞けば、きぬ子さんが京都の実家にいた頃からの習慣だそう。朝起きるやほうきをつかみに行くほど、身にしみついているのです。

そのきっかけになったのは、京都の実家で営んでいた喫茶店での、ちょっと苦い出来事。

店は姉屋小路《あねやこうじ》という細い通りにあり、左右を塀に挟まれた小路の入り口には、秋になると大通りからポプラの落ち葉が吹き込んでいました。店の看板娘だったきぬ子さんは、朝早くからそこで働いていました。

あるとき、毎朝そこを通るひとりのおばあさんが「ほうきを貸しなはれ」と言うや、塀の際に吹きだまった落ち葉をざっざっ。きぬ子さんにほうきを返しながら「ええか、ここはあんさんが掃除するんえ」とお小言です。

誰かが住んでいるならば、掃除をしたら差し出がましくなる。けれども無人の場所なら、そこも自分の家の前だと思って清めなさい。そういう意味だと、きぬ子さんは反省したのでした。それからは朝一番にざっざっ。

「あのときはこわかったあ」ときぬ子さん。それでもこうして身につけた掃除の習慣のおかげで、掃除によって目も心も喜ばせる方法を覚えたこともたしかなのです。

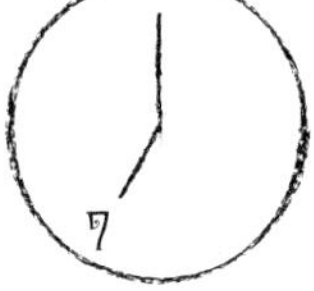

歩く、ひとっ風呂、モーニング。

休日の朝習慣

健康が気になる年頃になった弘さん。5〜6年前からウォーキングを始めました。とはいっても何かにつけて楽しみを見つける下町っ子、ただ歩くだけでは、気がおさまりません。

「あのね、御徒町に朝6時からやってる銭湯があるんだよ。しかも近くに、うまいコーヒーの飲める喫茶店があるんだ。早朝のウォーキングにお楽しみをくっつければ、健康にいい、風呂も朝飯もいいというわけよ」

松野家から徒歩20分のところにある「燕湯」は、早朝から白いのれんがかけられています。銭湯の前には、近所の人が乗り付けてきた自転車が何台も停まっています。入り口に「わ」と書かれた板が出ていれば、風呂が「沸いた」、つまりは「オープンしています」の意味。クローズしているときは板を返して「ぬ」の文字に。これは風呂の湯を「抜いた」サインです。

「ああー、いい湯だったよう」と、手ぬぐいを首にかけた弘さんが、上気した顔で出てきました。

「ここのお湯は熱くて、それが好きで通ってくる常連さんが多いんだ。昔はもっと熱くて、早朝はやけどしそうなほど、7時か8時頃になるとようやく入れる熱さになる。知らずにきたボンボンが水でジャーッと薄めようもんなら、ここのお母さんに『いい歳して、そんなのだめよ!』って叱られてたんだよ」と弘さんが笑います。

大きな湯船につかって、常連さんたちの話に耳を傾けて

昭和25年創業の「燕湯」は、朝6時から夜8時まであいている、地元の人に愛される銭湯。建物は国指定有形文化財の指定を受けていて、岩風呂に銭湯画、木の天井と、趣がある。湯温は46度と高めで、さっぱりとした入り心地がくせになる。

［燕湯］東京都台東区上野3―14―5／営業時間6〜20時（最終受付19時30分）／月曜・火曜休（祝日を含む）※定休日は変わる場合あり

14-5
燕湯
ボディソープ
リンス・シャンプー
かさは下駄箱の中に収納できます
シティランナーの方へ

いるのも楽しいものです。高い天井に、湯を使う音と常連さんの話し声が響いています。

「風呂のなかは噺家ばかりだよ。志ん生、円生、文楽もいたなあ。いや、もちろん本物の噺家じゃないんだよ。でも、いまの噺家以上に話しっぷりがいい！」と弘さんが笑っています。風呂屋で聞いた世間話は、聞いた人の胸のうちにしまっておく。そんなさっぱりとした了解ごとも、銭湯通いのいいところ。

弘さんが肩から下げているのは、岩芝の繊維を編んだかばん。新潟と群馬の県境、尻焼温泉の近くに暮らす80歳を超えたおばあちゃんが、山仕事に持っていく道具としてこしらえているものです。町暮らしの弘さんにも使いやすいバッグ。通気性はいいし、軽いし、肩にあたるところには肩あてもついています。山里では山仕事のときに使われていましたが、弘さんは下着とタオルを入れています。日よけに仕入れ物の帽子をかぶり、そうして身軽ないでたちで、銭湯までの町歩きを楽しむわけです。

ひと風呂浴びてすっきりしたら、「燕湯」のすぐそばにある、弘さん行きつけの「カフェ・ラパン」へ。

ここも「燕湯」同様に人気があって、日によっては行列していることもあります。チーズトーストにサラダにゆで卵、トマトジュース、そしてドリップしてもらった淹れたてのコーヒーで、ゆっくりとモーニング。店内に流れているジャズも、好みです。

弘さんが若い頃、修行先の京都で覚えたのが、モーニングの楽しみ。おいしいコーヒーとトーストを出してくれる早起きの喫茶店が、京都にはたくさんあります。朝、仕事の始まる前にモーニングを食べるのが、一日のうれしいスタートとなっていました。

右ページ／アフリカンプリントの開襟シャツに斜めがけしているのは、群馬で作られている岩芝の肩かけかばん。
上／「カフェ・ラパン」の入り口。サンドイッチやケーキもおいしい。
［カフェ・ラパン］東京都台東区上野3−15−7／営業時間7〜18時／日曜・祝日休

だから、東京に戻ってから、朝7時からあいている「カフェ・ラパン」を知ったときのうれしかったこと。「目的をもっているウォーキングに変えたほうが、楽しく続けられるよね。だから、朝の1時間ちょっとを、ウォーキングして風呂に入って喫茶店でおいしいモーニングを食べるコースにしたんだよ」と弘さん。

帰り道は路地裏を猫のようにすり抜けながら、腹ごなしのウォーキング。ビルのシャッターがガラガラとあく音や、通りを掃く音が聞こえてきます。そろそろ街も動き始めるようです。

上／モーニングセット。軽く済ませるならトーストとコーヒー。サラダとゆで卵とトマトジュースはそれぞれオプションでプラスできる。

身軽なウォーキングスタイルで、御徒町から浅草橋の自宅まで歩いて行く。高いビルの並ぶ表通りを歩いて行くかと思うと、横道にそれ、学校脇の公園を突っ切って近道を行く。さらに、民家の間を猫のようにすり抜け、再び広い道に出てくると、我が家はもうすぐ。

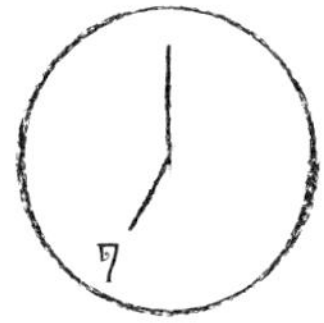

休日家事で平日にできないところをカバーする

人にはそれぞれ、得意分野があります。たとえば掃除でいうと、弘さんの得意なことは、はたきがけ。「やっぱり、こまかいところのほこりを取るのははたきじゃないとね」と弘さん。いちいち掃除機を出すよりも、はたきだったらサッと取り出して、ものの5分10分で終わります。しかも家具に傷をつけたり、障子に穴をあけたりする心配もありません。はたき、素晴らしい！

はたきをかけるときには、必ず、部屋の窓を開け放って風通しをよくすること。閉め切っていると、ほこりが舞い上がってしまいます。そして、高いところから先にかけていくのが基本。ほこりは上から下へと落ちるから、効率よく落とせるというわけです。

片手にはたきを持ったら、いざはたけ。照明のシェード。棚やたんすの上。障子の桟。椅子の足。スナップをきかせ、上から下へとパッパ、パッパ。

落ちたほこりは、きぬ子さんが得意の掃き掃除で片付けます。平日は、部屋を手ぼうきでさっさっ。部屋の四隅から手前へほうきを動かし、部屋の中心にごみを集めます。ほうき草を束ねた手ぼうきは手のひらになじみ、こまかいごみもきれいに掃き清められます。冬の間は、居間のホットカーペットを掃除機で吸いますが、夏の間は掃除機いらず。

階段は上から下へと、シュロのほうきで掃き落としていきます。シュロは繊維が細かくて、ちりやほこりを残さず取り去れます。それに柄が長いから、長身のきぬ子さんもかがまずに掃除ができる。下まで行ったらパンパンとほうきをたたき、ごみを集めて、はい、おしまい。

左ページ／階段を掃くときは長い柄のついた和歌山の「シュロ長柄ぼうき」で。上から下へ掃き下ろしていき、階下でごみを集める。

「私は、あんまり几帳面ではないの。でもうちは、荒物を仕事にしているから、ものが多いでしょう。だから掃除しておかないと、汚れやすいの。『気持ち悪いな』と感じながら過ごすより、サッと掃除して気持ちよく過ごすほうがいいじゃない？」ときぬ子さんが言います。

「昔の人の暮らしはすごいけれど、全部見習ってその通りにやっていたら、そのうち苦しくなると思うの。だったら、自分でできることだけやればいいじゃない。ストイックすぎると、窮屈になってくたびれちゃう。生活はずっと続いて行くことだから、いいと思うことだけ取り入れればいいと思うのよ。家事に正解はないのだから」

それは冨久子さんも、つねづね口にしていることです。

「きぬちゃんにはきぬちゃんの暮らしがあるでしょう？自分がいいと思うように暮らすのが一番よ」と。

誰かのまねをするよりも、自分自身が機嫌よく暮らせる工夫をする。鍋が磨かれてぴかぴかしているのが好き、素足で床を歩くのが好き、窓からの朝の光が好き。そんな「好き」が毎日の景色になっていったら、多少のことがあっても気分良く暮らせるようになるでしょう。家事はきっと、そのために続けるもの。正解は、自分で見つければいいのです。

まずは試しにやってみて、気持ちよかったら日常に取り入れる。そのなかからやらないと気持ちの落ち着かないことが、習慣として残っていく。

週に一度の休日は、平日にできない掃除をします。午前中いっぱいかけて拭き掃除をするのです。

「ほら、拭き上げたあとの床を素足で歩くと、木がつるっとして、いい気持ちでしょう。それに休みの日は時間に追われないから、気分がいいの」ときぬ子さん。

用意するのは、トタンのバケツと雑巾2枚。この雑巾は半分に切って二つ折りにした手ぬぐいを、薄手のタオルを芯にして木綿の糸で手縫いしたもの。冨久子さんに教わった作り方です。

松野家に嫁いできた当初、きぬ子さんはたたんだタオルで拭き掃除をしていました。それを見た冨久子さんが「きぬちゃん、こういうの使うといいわよ」とくれたのが、手製の雑巾。使ってみると汚れがよく落ち、始末もいい。以来きぬ子さんも、いらなくなった手ぬぐいやタオルで雑巾を縫うようになったのです。

右上／バケツの水で雑巾を洗い、汚れを落としたあと、かたく絞って使う。かたく絞っても糸がつれないのも、手縫い雑巾のいいところ。
左上／手のひらで押さえ、力の入れ方を加減しながら拭いていく。
下／お気に入りの雑巾は、本藍染めで作られた味噌屋さんの古い手ぬぐいを縫ったもの。雑巾には惜しいけれど、柄や色を目にするたび、うれしくなる。

新品の雑巾はちゃぶ台を拭いたり台所で使ったり。汚れてきたら拭き掃除に。ぼろぼろになってお役御免となる前には、新しい雑巾を縫ってストックしておきます。

掃き掃除を終えたきぬ子さんは、バケツにたっぷり水を汲むと雑巾を浸け、「くたっとこなれた雑巾は使いやすいのよね」と言いながらかたく絞りました。

その1枚を手に取ると、廊下に四つんばいになり、きゅっきゅっと拭いていきます。拭き上げた床がほんのり水を吸って、色鮮やかになっていきます。

今日の雑巾は、きぬ子さんがお気に入りの柄のもの。本藍で染め出された山並みが、水をくぐるとしっとりとした色合いになります。長く使ってきたお気に入りは、雑巾になってもやっぱり心を楽しませてくれます。

続いて、階段も拭き掃除。下から上へきゅっきゅっと、力をこめて。階段に置いてあるかごや壺を手でどかしては、隅々を拭いていきます。

いまは便利な掃除用品がたくさんあります。たとえばモップや不織布のワイパーで拭く手もあるでしょう。けれどもきぬ子さんが頼りにしているのは、雑巾。

「なぜって、雑巾のほうが楽だから。手の力加減で、汚れがしっかり取れてきれいになるもの。お寺さんの廊下も、毎日水拭きされてしっとりしたり乾いたりを繰り返しながら、あんなにツルツルになるじゃない」

それから、トイレの掃除です。ブラシを使って徹底的に清める。最後に水を流したら、それだけで、新しい1週間が気持ちよく始められます。

もちろん、疲れて動きたくない日もあります。店の仕事がこたえる日もあります。そんなとききぬ子さんが思い出すのは、冨久子さんの「しんどかったら、動いたほうが楽になるのよ」という言葉。

とりあえず、ちょっとだけほうきで掃いてみよう。とりあえず、この食卓だけ拭いておこう。すると、体が動き始めて、もう少し動いてみようと思えます。大切なのは、自分がどうありたいか。誰かのまねをするのではなくて、自分が機嫌よくいられる工夫をすること。

掃除が終わって、すっきりした部屋で素足のまま座り、水筒に入れておいたルイボスティーを飲む。これもまた、きぬ子さんにとって、掃除とセットの楽しみなのです。

上／弘さんが愛用しているのは、和紙をさいた昔ながらのはたき。
下／茶の間の掃除。食卓を部屋の隅にどかしたら、栃木でほうき草を束ねて作られる「和ぼうき　東京型」でごみを集める。集めたごみは、大阪のトタン工場で作られる「文化ちりとり」のなかへ。

松野家の台所

谷中で新婚生活を送っていた松野夫妻は、20年ほど前、冨久子さんとの同居を機に、いまの浅草橋の家へ越してきました。そのときに二世帯住宅として大々的にリフォームをしました。この台所も、そのときに作ったものです。

ここは、きぬ子さんにとって夢の台所です。吊り戸棚の扉の色はグレーと決めていました。知り合いでもある那須のSHOZO CAFEで見る、キッチンスペースの落ち着いたグレーが気に入っていたからでした。シンクや調理台は掃除しやすいよう、ステンレスに。

ガステーブルは、これまた拭き掃除をしやすいようにフラットに。コンロは3口、これはおせち料理などで一度にいくつもの料理を並行して作るときに大変役立ちます。

そして、パンを焼く夢を叶えてくれた、憧れのオーブンレン

下・左ページ／松野家の台所。よく使う道具は吊るしてある。鍋はシンク下にしまい、必要に応じて取り出している。フライパンはコンロ奥の壁に。「ものが多いし捨てないうちだから、ごちゃごちゃしてるでしょ」ときぬ子さんは言うけれど、ここはじつに居心地のいい場所。

7
1 2 3
4 5 6 7 8 9 10
11 12 13 14 15 16 17
18 19 20 21 22 23 24
25 26 27 28

吊るしておくと便利！

道具を吊るせる場所を、なるべく多く作ってある。シンクのところには、S字フックをかけて、たわし類を吊るしている（下）。また水切りラックにもフックをかけ、軽量スプーンやおろし金、焼き網などの定位置に（左）。使いたいときには自然と手が伸びる。

ジ。これは場所をとらないようビルトインにしてコンロ台の下に収めてもらいました。

きぬ子さんはこの台所に愛着があります。谷中の家は台所と居間が別々でしたが、ここはカウンターの向こうが食卓なので、できあがりの熱々をすぐに渡すことができます。息子の隆明さんと娘のあかねさんが小さかった頃は、食卓からいつもにぎやかな声が聞こえていました。

本当は窓から緑が見えたら素敵だけれど、代わりにあかりとりの窓には、弘さんがいつも花を飾ってくれます。お酒の燗をする「タンポ」と呼ばれるアルマイトの手付きカップに、物干し場の草花をほんのちょっと。その飾らない雰囲気が、台所には似合っています。

編み組み細工が随所で活躍

松野家の台所は、店で扱う荒物の使い勝手を試す場所でもある。使いやすくてそのままいついてしまったのが、ここにある竹細工。右は上から味噌こし、もりきりざる、片口の米研ぎざる。うどんすくいは、にんにくやしょうがを保存する場所としても活躍（下）。

台所仕事をするとき、荒物はじつによく働いてくれます。

たとえば、たわし類。アクリル毛糸を編んだもので湯飲み茶碗や瓶を洗うと、洗剤を使わなくても、きれいになります。石鹸を使って洗うものは、スポンジで。シュロのたわしは、まな板や土鍋をがしがしと洗えて便利。小さなたわしは、排水口の掃除に使います。スチールウールは、鍋やフライパンを磨くのに使っています。

こうしたたわし類は、S字フックに吊るしておくと、水切れがしやすく、早く乾いて、清潔に保つことができます。ステンレス製なので錆びません。

ぶら下げる収納法は、冨久子さんの台所に学びました。冨久子さんは自分専用のお勝手をも

細部の掃除には チャンネルブラシ

一度使った人は「とっても便利！」と力説し、しかも使い方を聞けば千差万別、つまりは万能なのが、この「豚毛チャンネルブラシ」。馬のたてがみのような形をしていて、先が曲がっている。シンクの角や排水口の溝など、細かいところを掃除するのに重宝する。

アルミのピンチがお気に入り

台所のあちこちに、アルミのピンチがある。日本製。食べかけの食品袋を閉じたり、ふきんを洗って干しておいたり、あるいは手ぬぐいをかけたり。ちょっとした作業を助けてくれる。プラスチックのものよりも劣化しにくく、水にぬれても錆びないのが特徴。

っていますが、そこではあちこちに、ふきんやおたまを下げる場所があります。こうすれば、引き出しをあけなくても、すっと手を伸ばせばすぐに使えるというわけです。

竹ざるは、日々使う荒物のひとつ。小さな片口ざるは、研いだ2合分のお米の水をきり、土鍋へ移すのにちょうどいいし、味噌こしは、味噌を溶くときだけでなく、野菜をゆがくときにも重宝します。通気性がいいので、使わないときはにんにくやしょうがを入れて保存することもできます。

ところで、きぬ子さんはなるべく合成洗剤を使わず、水を汚さないように心がけています。「自分だけでなく、周りも環境も気持ちよくあってほしい」と

乾物はトタンに収納

近藤製作所のトタン箱（47ページ参照）に、だしをとるためのかつおぶしを入れている。トタンの箱は耐久性があって、中のものを湿気やほこりから守ってくれるとあって、一般的には米びつとして長く使われてきた。

クエン酸&重曹を愛用

こちらのトタン箱は、メイド・イン・ネパール。きぬ子さんは重曹とクエン酸を入れている。重曹は油汚れ用。液体石鹸と混ぜてスプレーすれば換気扇の掃除にも使える。クエン酸はシンクの水垢などを取るのに便利。

いうのがその理由。

洗い物は、湯飲み茶碗、ごはん茶碗、汁椀の順に水洗い。最後に油物を重曹で洗います。

液体石鹸はポンプに詰め替えて、1回押すたびに少なめに出るよう調整しています。

下町に暮らしていると、水の大切さを日々感じることになります。すぐ近くを流れる隅田川は、もとはとてもきれいな川でした。隅田川が注ぎ込む東京湾では、浅草のりやあさりなど、江戸の名物がとれたのです。

台所は川や海とつながっています。せめて少しでも始末よく暮らしたい。子どもや孫の時代にも、楽しく、気持ちよく暮らしていてほしい……。そんな願いとともに、きぬ子さんは台所に立っています。

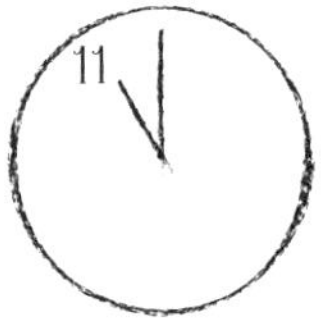

植物の手入れをしながら「今日のうちの花」選び

松野家の玄関には、いつでも季節の花が飾ってあります。どこから調達しているのかと問われれば、「なあに、ちょいとそこでね」と弘さん。

「ちょいとそこ」とは、ご本人曰く「猫の額ほど」の屋根の上にある物干し場のことです。洗濯物のほか、時には梅干しも干される物干し場で、弘さんは数十種類もの植物を育てているのです。ビルや民家がひしめき合う下町の物干し場に、こんな楽しい秘密の花園があるなんて、いったい、誰が想像するでしょうか。

どうして花を飾るようになったかというと、これは部屋を片付けたくて始めたのだとか。

「ほら、整理整頓ったって、ただ片付けるだけだと義務になるけどさ。花を飾るために片付けてるんだとなれば、これは遊びになるわけよ。義務はいやだけど、遊びだったら面白くなる。それに、物干し場でただ咲かせておくのももったいない。花って、飾ってみると、物干し場にあるときより何倍もよく見えるからね」

そんなわけで、物干し場に出ては植物の手入れをするのが弘さんの日課。仕事のある日は朝早く、休日だったらのんびりと。ひとつひとつの鉢に目をやりながら、ああ、いい枝振りだな、おっ、きれいに咲いたじゃないか。そうやって「今日のうちの花」が決まります。

剪定がてら、手入れがてら、ちょっとひと枝、ひと花。小さなトタンのバケツに入れて玄関へ運びます。屋外の風に吹かれて育ったから、枝ぶりにも野趣があり、竹かごなどの素朴な荒物や、土っぽい備前焼きなどにいけると、生き生きとします。かごやざるも、中に水を入れた器を仕込めば、立派な花器に早変わり。

日常の用を足している荒物が、このときばかりは晴れがましい姿になって、玄関でお客さんを出迎えます。

上／ビルに囲まれた、松野家の物干し場。植物に水をあげるときは、大きなトタンの柄杓でたっぷりと。
下／「今日のうちの花」にノウゼンカズラをひと枝。

「今日のうちの花」アルバム

5	3	1
6	4	2

［1］11月30日。侘助椿を備前鉢に。［2］12月28日。趣向を変えて、侘助を兼子美由起さんの陶瓶に。［3］大晦日。山茶花を備前片口に。［4］1月9日。寒い朝、クリスマスローズを片口に。［5］2月3日。球根から育てたヒヤシンスをサワラの片手桶に。［6］2月13日。沈丁花を宮城の篠竹と桜皮のくずかごに。春の香り。

［1］3月1日。赤い椿は土を感じさせる備前の手付き鉢に。高校時代の先輩、星正幸さんの作。［2］4月17日。木瓜の枝を群馬の真竹かごに。［3］6月12日。コバノズイナと真竹かごで、目の涼を。このかごの少し変わった編み目は「山路編み」という編み方。［4］7月1日。球根から育てた百合が今年も咲いた。デッドストックのガラスの器で爽やかに。［5］7月15日。ノウゼンカズラを、18歳のとき沖縄で求めた琉球ガラスの鶴首瓶に。［6］8月1日。紅珊瑚を大分の真竹かごに。［7］8月18日。山牛蒡を鶴首瓶に。

7	5	3	1
	6	4	2

1

たまにはこんなことも。ふたりで川べりピクニック

日常生活は悲喜こもごも、ときには深呼吸したくなることもあります。ましてや、世の中が変わって気軽な外出が難しくなればなおのこと。

こんなときでさえも、知恵を絞って楽しいことを探しあてずにいられないのが、下町っ子です。

「ちょっと、川べりまで行ってみないか。あすこなら風通しがいいし、第一、人も〝密〟になってやしないから」と弘さん、ある朝、きぬ子さんを誘いました。

川べりを歩く楽しみを、弘さんは京都での修行時代に覚えました。鴨川を渡る風の涼やかさ、人々のゆったりとした歩調、せせらぎの音。

「隅田川は、鴨川みたいにきれいじゃないけれどさ、夜はネオンが映るし、屋形船が通るのも風情がある。昼間だって、いい風が吹いてるよ」

そんなふうに誘ったのは、決して弘さんの気まぐれではありません。きぬ子さんが最近いろいろと苦労しているのを、弘さんは知っていました。そして弘さん自身も、少しだけ気晴らしがしたかったのです。

とはいっても、ただ歩くだけじゃあつまらない。せっかくだからピクニックをしよう、というのが、この夫妻らしいところです。きぬ子さんは篠竹のお弁当箱に昼ごはんを詰め、弘さんは水筒にお茶を詰めます。ふたりともウクレレを抱えて、目指すは隅田川の川べりへ。

川岸に点在するのは、天然石のベンチ。そのひとつを陣取って、ふたりはお弁当を広げます。中身はおむすびが3つと、ドライトマト、卵焼き。いつもの昼食も、屋外で食べると気分が変わるものです。

川面にはユリカモメがぷかりぷかり。水上バスが波を分けて走っていきます。その向こうには高速道路が走り、

東京スカイツリー®が迫るように立っています。

おなかが満たされたところで、ふたりはウクレレを取り出しました。

弘さんはブルーグラスのバンドを結成しているほどの音楽好き。その弘さんに感化されて、きぬ子さんも最近、ウクレレを始めたのです。

手製の楽譜集にも、レパートリーが少しずつ増えてきました。きぬ子さんが歌詞を書いておくと、弘さんがコードを教えてくれます。きぬ子さんはそれを書き取っておいては、時々練習しているのです。

今日のレッスンは、野外コンサートといったところ。まずはお気に入りの「イムジン河」、それから「りんごの木の下で」。

松野さんが歌いながら主旋律を弾き、きぬ子さんがそれに合わせてウクレレの弦をつまびきます。弘さんが次から次へと歌っていくから、きぬ子さんはついて行くのに必死。耳と指先を音楽に集中させるうち、気持ちがすっきりしてきます。

ふたりに声をかけてくる人は誰もいません。鳩がのんびりと歩いています。ジョギングの人が時折通り、ウクレレの音に振り返ったりニコニコしたりしながら遠ざかっていきます。

松野夫妻だけではありません。江戸の人々だって、日々さまざまなことがあったでしょう。それでも彼らは、遊び心を駆使してたくましく生き抜いていった。何があっても、下町っ子は涼しい顔して、苦労さえも面白がりながら生きていたのだと思うのです。

「どこにいたって、何していたって、何かしら面白いことは見つかるんだよね」と弘さん。そのとおり。面白がっていればいつしか気持ちは晴れて、悩みごともいつの間にか、ちぎれた雲より小さくなっています。


左ページ上／ウクレレを弾くふたり。弘さんが演奏しているのは、バンジョーウクレレと呼ばれる小型の楽器。きぬ子さんが持っているのは、ノーマルタイプのウクレレ。

左ページ下／この日のお弁当。使われていたのは、岩手で作られている篠竹の弁当かごと、長野で作られているすり漆の小判弁当箱。おかずの仕切りは、北海道で針葉樹を薄く削って作られる「しな経木」。ほどよく水分を吸い取ってくれて、腐敗防止効果もあるという、すぐれもの。

弘さんの荒物探し

弘さんが荒物探しにでかけるときの「出張セット」。運転席のサイドポケット代わりにしている市場かごには、ルイボスティーを入れたスタンレーのクラシックボトル。持ち歩き用の手さげは、縄細工のかごに自分で持ち手をつけたもの。

ご近所で発見！
近藤さんのトタンボックス

弘さんが荒物探しを始めたのは、30年ほど前のことです。雑貨を仕入れるため、バイヤーたちがこぞって海外へ向かっていた時代。

「でも、自分にはそれができなくて、自転車か歩いて行けるところでしか探せなかったんだよね」と弘さんが笑います。

その結果、松野屋は「足元のものづくり」に出会うことになりました。つまりは生まれ育った場所で、手に入る材料を使い、生活に必要な道具を作りながら生計を立てている人たちの、日常的なもの作りです。

蔵前は、松野家から徒歩15分ほど。江戸時代には隅田川経由で天領地の米を運び込む、御米蔵がある町でした。いまは、玩具や花火の問屋が並んでいます。

その路地裏にある建物の中から、ガッシャン、ガッシャンと音が聞こえてきます。ドアを開けるとその音がいっそう大きく響きます。「近藤製作所」、トタン箱を製造する町工場。二代目の近藤隆司さんと八代子さん夫妻が営んでいます。

トタンは、亜鉛メッキを施した鉄板。屋根や塀に使われてきましたが、保湿や

防水に優れているため、フタつきの箱にして穀物を保存するようになりました。これがトタンの米びつです。

30年ほど前、トタンの米びつをこさえている工場があると人づてに聞いて、弘さんがこの工場を訪れたのが、近藤製作所との出会いでした。世の中ではプラスチックの米びつが主流となっていましたが、弘さんはトタン製に惹かれていました。あの保存性と形の良さ。米にかぎらず、物入れとして使ったらどうだろう、と考えていたのです。

弘さんが「この米びつに名札ケースをつけられないだろうか」と尋ねると、隆司さんの父が、「お安い御用」と引き受けてくれたそうです。さっそく三筋《みすじ》（蔵前の近くにある金物問屋街）で仕入れたアルミ製の名札ケースを、職人さんがトントンと米びつに打ちつけて。こうして完成したトタンボックスは、松野屋の人気商品となりました。

「仕事に誇りをもっている、気持ちのいい人たちでね。年配の職人さんが『ほら、見てくれよー』って誇らしげに、欠けてる指を見せてくれるんだよ。昔、機械に巻き込んで怪我したんだよ、って」と弘さん。

あれから時が過ぎ、隆司さんの両親も職人も亡くな

47ページ／近藤隆司さん（左）と八代子さん（右）。
右／さまざまなサイズのトタン板のサンプル。
上／製作中のトタンボックス。このあと穴をあけて持ち手をつける。
下／はんだづけに使うガスバーナーの置き場所は、七輪の上。

りました。代わりに7年前から隆司さんの妻、八代子さんが家業を手伝い始めました。いまは夫婦ふたりで仕事をしています。

近藤夫妻は、機械に愛称をつけています。底板をつける機械は「シーマー」、針金を巻き込む機械は「ロール」。「バッタ」と呼ばれているのは、バッタバッタとトタンを曲げる機械です。単純な作業ですが、これがなければ仕事にならない。

「修理できるところがもうないから、これが壊れたらうちの家業も終わりだね」と隆司さん。

工場の壁から太い鉄棒が伸びていたり、突起があったり。これもまた道具のひ

トタンボックスができるまで

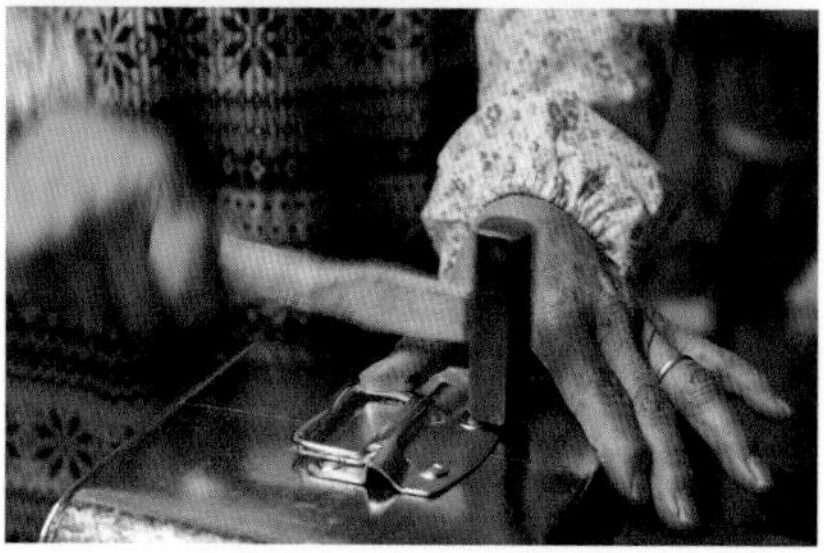

2	1
4	3
	5

1／側板用トタン板の縁に針金をそわせ、ロールで巻き込む。2／鉄棒にトタン板を乗せ、おじぎするようにして2枚の側板を同時に曲げる。3／曲げた2枚の側板を突き合わせて接合する。4／シーマーで底板をつける。5／側面に穴をあけ、トンカチでコンコンと叩きながら持ち手をつける。

とつ。鉄棒に乗せたトタン板に隆司さんが両手をあて、おじぎをするようにして体重を預けながら、板を曲げます。一瞬で的確な角度に曲げられるのは、隆司さんの高い技術があればこそ。

さらに細かい作業、たとえば箱の角を丸くする工程は、隆司さんがコンコンとゲンノウで叩いています。

工場製品といっても、夫婦ふたりの手数がかかっていることを、弘さんは知っています。だから急かさずじっと待ち、できた分だけ仕入れてくる。

そういったつき合いができるのも、互いの生活が見える、足元のもの作りならではと言えるでしょう。

右上／これまでに工場で作ってきたトタン箱。いつ注文が入ってもいいように、サンプルを手元に置いてある。
右下／近藤家は昭和20年に先代が創業して以来、この町工場で板金業を続けてきた。
上／隆司さんが、ゲンノウ（木製の小槌）で縁を叩きながら最後の仕上げをする。
下／近藤製作所で作られている、松野屋オリジナルのトタン米びつ。さまざまなサイズがあり、右は15kg用、左は上から2kg用、7kg用。

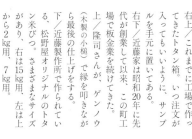

これぞ自然素材の掃除道具！ダチョウの羽ばたき

「自然食品という言葉があるなら、自然商品があってもいいと思うんだ」と、弘さんは言います。化学製品を使わない、自然の素材を活用した生活用品。

羽ばたきはそんな「自然商品」のひとつと言えるでしょう。タクシーのトランクには、大きな羽ばたきが入っています。デパートやコンビニエンスストアの販売員は、商品に羽ばたきをかけては、売り場を清潔に保ちます。ピアノや人形ケースについたちりやほこりを取るのにも塩梅がいい。最近は、パソコンのほこりを払う小さなサイズが飛ぶように売れているそうです。羽ばたきは、どんな時代にも求められる、隠れた生活用品なのです。

その羽ばたきを製造しているのが、池袋にある「ヨネヤマ用品販売」。

「うちの若いのがここの羽ばたきを見つけてきたんだ。サーっと払えば羽と羽がこすれて静電気が起き、ほこりがきれいに取れる。いいんだよ！」と弘さん。

創業は昭和2年。長野から上京した初代が、上野のはたき屋に奉公したことをきっかけに、独立してこの

50ページ／右から米山邦樹さん、佐々木しげよさん、米山正子さん、鴨田陽子さん、米山八千代さん、米山和英さん。
上／いつものポジションで仕事に勤しむ3人。羽ばたきは熟練した3人の分業で作られている。下／91歳の正子さん。

商いを始めたのだそう。

最初はニワトリの羽だけを使っていましたが、そのうち南アフリカからダチョウの羽が入ってくるようになりました。見た目が華やかなだけでなく、毛先がこまやかでコシがあり、ほこりを取るのに好都合。羽ばたきには、秋に換毛する羽と食用若鳥の羽を使います。

職人は60代から90代の女性3人です。その連携プレーがじつに見事。正子さんが羽の長さをそろえながら横一列に並べ、マスキングテープで仮止めすると、しげよさんがミシンをかけ、それを回転機の前に座った陽子さんが長い棒に巻き上げます。まるでバイオリンを弾くように指先をしならせると、勢いよく回っている棒に一気に巻きつけます。見事な職人技！

「この3人がいないと、いいものができないんですよ」と言いながら、社長の米山和英さんは籐に仕上げのラッカーを塗っています。

かつては糸を口にくわえて、羽を1本ずつ結びつけていたそうです。それが、マスキングテープを使うようになって、いまはミシンで連ねることができます。そのおかげで数多く作れるようになり、材料費が高騰してきた最近でも、昔の値段のまま出せるのです。

正子さんは初代の夫人で、最長年の91歳。弘さんは、ユーモアと胆力を備えた正子さんの話を聞くのが、毎回楽しみです。

「昭和23年に、岩槻から嫁ごにきたの。いまもまだまだ元気だけど、だんなは十四、五年前に亡くなったよ」と正子さん。弘さんが「これでしょ」とお酒を飲むまねをすると、「よく知ってる!」と正子さん、あっはっはあと笑っています。

柄の部分は竹だったり樹脂だったり、素材はいろいろ。弘さんは、松野屋のオリジナルとして、竹の柄に革紐をつけてもらいました。部屋の片隅に下げておけば、気軽に掃除ができます。それに革紐も自然素材ですから、松野屋が求める「自然

羽ばたきができるまで

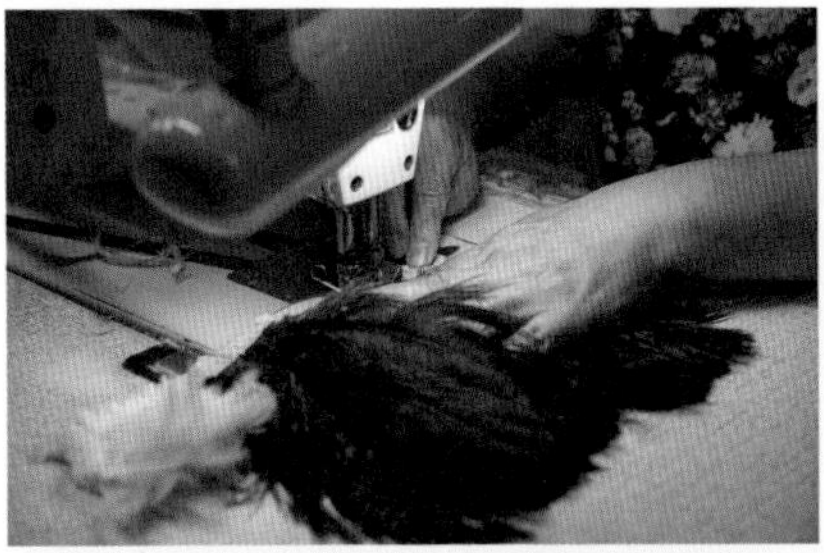

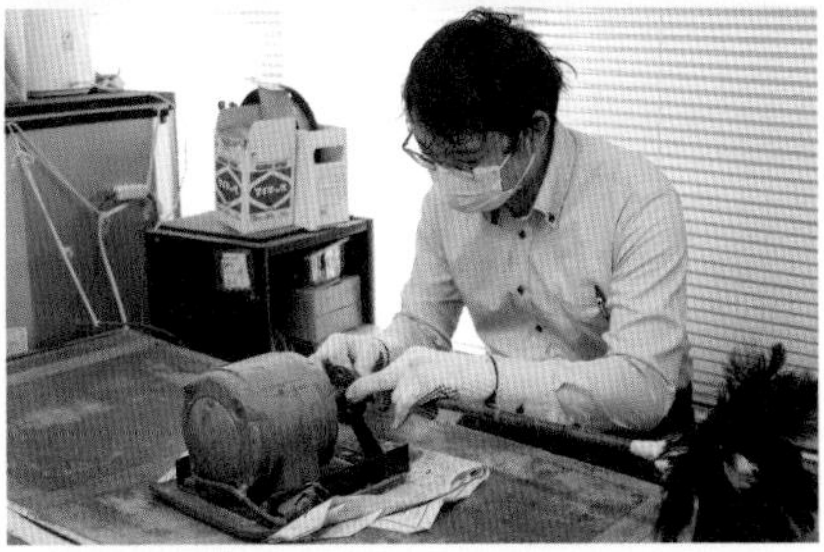

2	1
4	3
	5

1／マスキングテープを使って、羽を1枚ずつ並べ、仮止めしていく。2／マスキングテープの上からミシンをかけてつなげる。3／テープ状になった羽を柄に巻きつけて、ボンドと糸を使って固定する。4／根元に籐を巻き、ラッカーを塗ってつやを出す。5／柄の先に穴をあけて、革紐を通す。

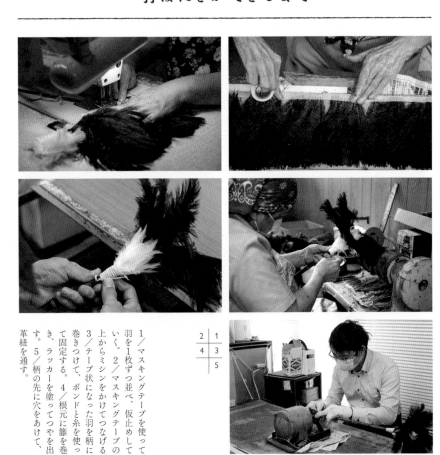

商品」としても理想的です。

　昨春から社長の甥で20代の邦樹さんも加わって、工場はますます活気づいてきました。いまはひと通りの作業を覚えている最中。

「自分がわかっていないと、お客さんに満足していただけるような提案もできないですから」と邦樹さんが言います。母の八千代さんと一緒にここで働きながら、家業を支えているのです。

　最後に工場の前で記念写真。羽ばたきをもって並ぶ、笑顔、笑顔、笑顔。もしどこかで羽ばたきを見かけたら、どうぞ思い出してください。その羽ばたき、ここの職人たちがこしらえたものかもしれませんから。

右3点／長い羽ばたきを作るときは、機械にセットした柄を高速回転させ、そこに羽を巻きつける。この機械は、亡くなった先代が考案したもの。以来、30年間休まず動き続ける、大切な商売道具。
左／松野屋で扱っているダチョウ羽ばたき。左から大、中、ミニ。全長20㎝ほどのミニは、パソコン周りや卓上の掃除に便利ととくに好評。
左ページ／ミシンで縫いつないだ羽。ダチョウのオスは生後2〜3年で羽が黒くなるのだそう。

暮らしと仕事の道具作りひと筋！
吉田さんの真竹細工

「荒物の世界では、80歳過ぎて、自分の腕ひとつで、素晴らしいものを作ってる人たちがいるんだよ。本当にすごいと思う。しかもみんな謙虚でね」と弘さんが教えてくれました。

近年は、子どもの頃に家業を手伝ったり、近所の職人から見聞きしたりした記憶をもとに、定年後「時間ができたから何かやってみようか」と手を動かし始める人も多いといいます。そこからスタートして、60歳より70歳、70歳より80歳と腕を上げていくのです。

おごることがないのは、つねに使う相手を思いながら手を動かしているおかげなのでしょうか。

竹細工ひと筋70年以上という茨城の吉田平さんも、弘さんが尊敬する荒物職人のひとりです。昭和8年生まれの88歳、14歳のときから竹細工を始めました。作り方を教えてくれたのは、熊手職人だったお父さん。これまでに、霞ヶ浦の漁具や畑仕事の道具、台所道具と、求めに応じて作ってきたそうです。作ったことのないものを手がけるときは、もちろん失敗もします。けれども「怪我と失敗は生き

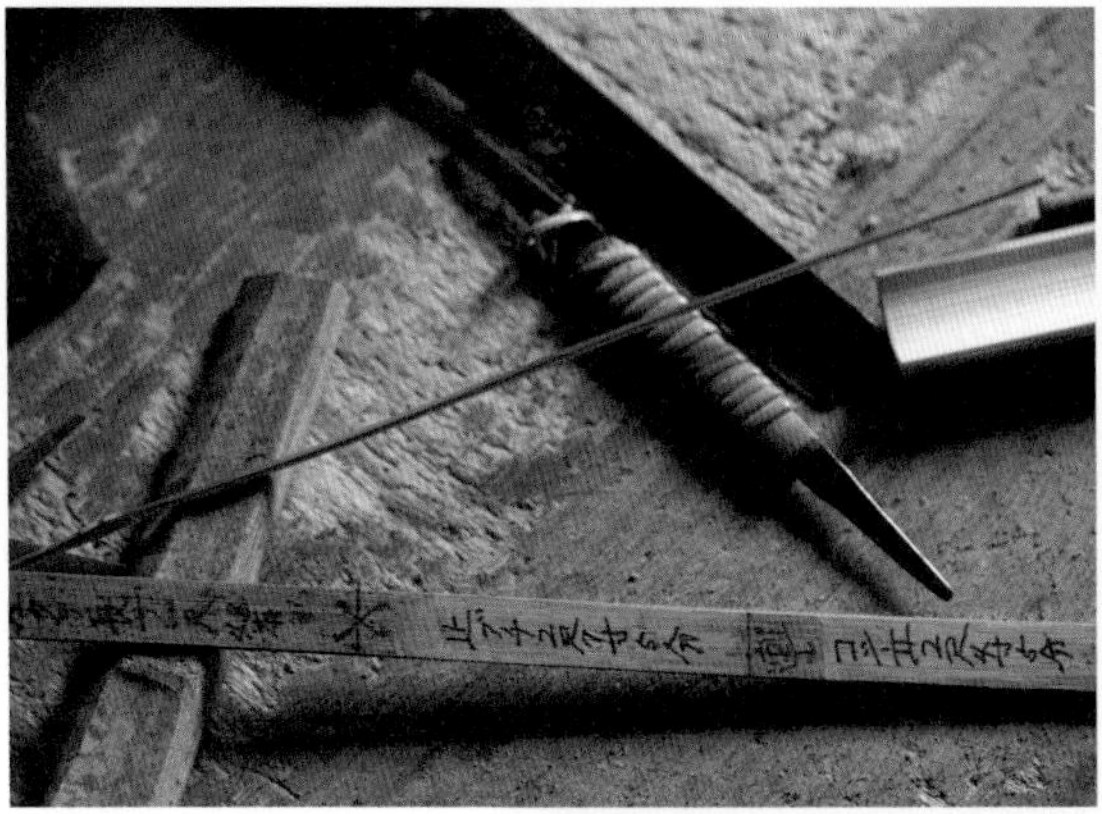

右ページ／吉田平さん（左）。右上／手作りの定規。製品ごとに用意されている。左上／くじり（隙間を広げる道具）。吉田さんはこのくじりと竹割り包丁でたいていの作業をこなしてしまう。右下／そばざるは足つき。左下／製作中の椀かご。

た勉強」と、吉田さんは朗らかです。

「霞ヶ浦のワカサギ漁で使うヨコタ（魚の運搬用のかご）なんて、昔は求める人が多くて間に合わないぐらいでしたね。シャモ（闘鶏用）のかごを頼まれたこともあるし、5月が近づけば、こいのぼりの先につけるお祝いかご（茨城から福島のあたりに伝わる、竹を編んだ大きな玉）も作りますよ」

弘さんがお願いしているのは6種。なかでもわらびかごは、本来は収穫した山菜やきのこを入れる道具。底は四角く安定感があり、胴は楕円でふっくらと。弁当や衣類を入れて運ぶのはもちろん、部屋の一角に置いてもすっきりしており、人気があります。

「竹細工は奥が深くて、底無しなんですよ」と吉田さんが言います。たとえば、材料ひとつとっても、良し悪しの見極めが必要です。

「材料が悪いと、商売の命取りになります。春、ぽかぽかしているときの竹は、虫が食うから使えないの。夏の竹は使えるけれど、水分が多いから1か月以内に使う。一番いいのは1月末から2月にかけてだね。それも山の上のほうの、養分の少ない土に生えているのが、長持ちしていいの。私が作り始めた頃は竹細工の需要が多くて、竹を売ってもらえなかったけれど、いまは好きなだけとってけ、と言われるんですよ」

竹割り包丁一本あれば、たいていのものは作れる。「人間の体はものを作る道具だと思ってるから」というとパンパンと小気味よく真竹を割り、細いひごをこしらえていきました。

「木もと、竹うらって言ってね、木は根元から割り、竹は裏側から包丁を入れて作るんですよ」

編み方は唄のようにして覚えています。わらびかごなら、七回し、わけ回し、しじ回し、腰立て、胴回し、留め回し……最後に縁を巻くのは、11月にとった真竹(旬竹)。きっちりと巻きながら「旬竹の身に勝る縁巻

わらびかごができるまで

3	2	1
	5	4

1／大洗海岸のこまかい砂で竹を磨く。2／竹割り包丁で太い竹を細かく割る。3／割った竹に包丁の刃を入れ、魚をおろすように割いて、内側の「身」と外側の「皮」に分ける。これでひごができる。4／短いひごで「たて」を作り、長いひご「まわし」を巻きながらリズミカルに編んでいく。5／持ち手をつけてできあがり。

きはない」とひと言。

こんな調子で、竹細工に必要な言葉が次々と、吉田さんからあふれてきます。

「朝起きたら新聞読んで、4時頃から作り始めますよ。仕事を終えるのは、午後の2時か3時ぐらいかな。朝早いのが大好きで、真冬の寒いのも大好き。この世で一番きれえ（嫌い）なのは、酒！」と顔をしかめて見せてから、にっこり。

「でも、もうそろそろ引退だね。くるときがきたんですよ」と嘆く吉田さんに、「と言いながらもう何年？」と弘さん。吉田さんがあっはっはあと笑います。作り手の明るさが、作るものにも宿っています。

上右／「お祝いかご」。「こいのぼりの玉」とも呼ばれる。霞ヶ浦周辺の漁師たちの風習で、男児が誕生すると、こいのぼりの棒の先につけるのだとか。上中・上左／シャモかご。闘鶏用のかごで、稽古用と観賞用がある。
下／松野屋で扱っている、吉田さんのかご。わらびかご（左上）、そばざる（左下）、椀かご（右）などがある。

第2章　季節のいとなみ

◎師走

大忙しの年越し準備

新年を迎えるために

冬至が過ぎると、気持ちが年末に向かいます。年越しの準備は待ったなし。慌ただしいけれど、「一年間のリセットボタンを押すようで、気持ちにメリハリができるの」と前かけの紐を結びながらきぬ子さんが言います。

松野家の年越しは、毎年12月下旬にお飾りとお餅を用意するところから始まります。弘さんは佐竹商店街でお飾り

	1
3	2
5	4
	6

●年に一度の神棚掃除

1／神を下ろし、しめ縄を外したあと、小ぼうきでほこりを払う。2／お宮を下ろし、おふだを出して雑巾で拭き上げる。古いおふだは年が明けたら神社でお焚き上げしてもらう。3／お宮を戻し、新しいおふだを納める。4／新しいしめ縄に御幣を挟み、水引で取りつける。5／左右に松飾りを取りつけ、棚板に半紙を敷き、2寸の鏡餅を3組飾る。みかんと餅の間には、昆布を挟む。今年のみかんは大きかったので、2個は脇に。6／整った。「おれはおやじから教わって、おやじはじいさんから教わったんだよね」と弘さん。これも暮らしの伝承のひとつ。

を求め、きぬ子さんは清澄白河の餅屋で鏡餅を。暦やおふだは、町内の銀杏岡《いちょうがおか》八幡《はちまん》神社からおつかいがきて、求める人に授けてくれます。まずは神様を迎える準備から、というわけです。

元旦になると年神様がやってきて、家には幸せを、ひとりひとりには歳をひとつずつ授けてくれる。これがお正月です。年神様はお飾りと鏡餅をよりしろとして、家々に福を授けてくれるといいます。飾る日は28日。というのも29日は「くもち」（苦餅）だし、大晦日に飾るのも「一夜飾り」で縁起が悪いから。「〝一夜飾り〟には、生活に余裕をもって、という昔からの知恵もあるのでしょうね」と冨久子さんが教えてくれました。

28日は店も大掃除。弘さんは、「せめて家の神棚とお飾りだけは整えないと」と、朝早く起きて準備にとりかかります。店へ行く前には、家の神棚を隅々まで清め、台所を守る荒神様も念入りに。

何ごとも早めに取り組む冨久子さんは、大掃除は月の頭に終わっており、おせちの準備にかかっています。ごぼうの煮えるいい香りに包まれながら、それぞれがせっせと手を動かしています。

●荒神様も忘れずに

1／冨久子さんの台所にまつってある荒神様。火伏せの神様なので、大切にしている。まずはお宮を下ろしてくる。2／ほこりを払い、雑巾で拭き上げる。新しいおふだを入れる。3／小さなしめ縄に御幣を4本挟んでつける。お餅は1寸を三つ重ね。

1
2
3

●仕上げは玄関

玄関先には門松を一対。松に輪飾りを通す。玄関扉の上にしめ飾りを取りつけて、お飾りは設置完了。

●松野家の年越し準備品

1／玄関に飾る門松。東京では根のついていない、まっすぐな長い松を飾ることが多い。2／荒神様用のしめ縄。3／裏白（シダ）の葉。4／水引。神棚にしめ縄を結ぶときに使う。5／玄関用のしめ飾り。ダイダイの実は「代々家が栄えるように」。6／輪飾り。門松につける。白い和紙はひとがたになっている。7／鏡餅とみかん、半紙。松野家では鏡餅は毎年、5寸を1組、3寸を1組、2寸を9組、1寸を1組準備する。8／一陽来復守り。冬至の日に、早稲田の穴八幡宮でもらってきて、新年の日付が変わった瞬間にその年の恵方の高いところにつける。9／荒神様用と神棚用の御幣。10／神棚用のしめ縄。

年末の掃除はいつもより少し念入りに

冨久子さんもきぬ子さんも、年末の大掃除はふだんとほとんど変わりません。きれい好きの冨久子さんはいつもきちんとしているし、きぬ子さんはお店の大掃除が待っているし。そんなわけで年末は、弘さんが29日、ふだんの掃除に少しだけプラスして、手をかけていきます。

松野家は仕事柄、ものが多い。加えて、ものを粗末にすることが好きではないので、簡単に捨てることがありません。ものに囲まれながら心地よく暮らすには、ほこりやごみを日々取ることが肝心。大掃除はその仕上げの役割を果たしています。基本は、ほこりを払い、ごみを掃き、汚れを拭く。そのとき、荒物がじつに良い仕事をしてくれます。

たとえば、トタンの豆バケツ。弘さんが大阪のトタン工場を訪れた際に、トタンでできた丸い柄杓を見つけ、持ち手をつけてもらったものです。弘さんはふだん、植木の水まきや花がら入れに使っていますが、年末には掃除道具入れに。雑巾やブラシ類など一式をまとめて、家のあちこちに運びます。もちろん水を入れ、中に雑巾を放って、小さなバケツとしても使えます。水を入れても、小さめだから重くないのがいいところ。

徹底的に掃除するなら、なんといってもプロが使う道具がいい。左官職人や植木屋、大工など、職人が使っている道具のなかには、頼り甲斐のあるものがあります。

チャンネルブラシは、工場で機械の細部の掃除に使われる、業務用ブラシ。豚毛はかたくしなやかなので、ほこりやごみを存分にかき取ってくれるし、先がカーブしているから使いやすい。弘さんは洗剤をつけたチャンネルブラシで、窓枠やガラスをこすってピカピカにしています。

左官職人が使うブラシもあります。こちらは馬毛。本職の職人はコテにこびりついた土を落とすのに使いますが、松野家では風呂掃除の道具として使っています。ネジをゆるめるとブラシの向きが変わるので、利き手に合わせて使いやすく塩梅できる。さすが、本職の道具は使いやすい！

豚毛や馬毛だけでなく、植物性の道具もまた、便利なものです。シュロはヤシ科の植物を乾かして繊維状にしたもの。これを束ねたシュロの棒たわしは、ホゾにたまっていたごみをしっかりかき出します。

道具を洗って乾かして、今年の大掃除はめでたく終了。残るは買い出しとおせち作りです。

●玄関周りを整える

お正月を迎える前に、玄関を徹底的にきれいにしておく。
上／玄関脇のガラス戸のガラスと桟は、チャンネルブラシでピカピカに。
下／土間を拭く雑巾は、豆バケツに入れて玄関へ。

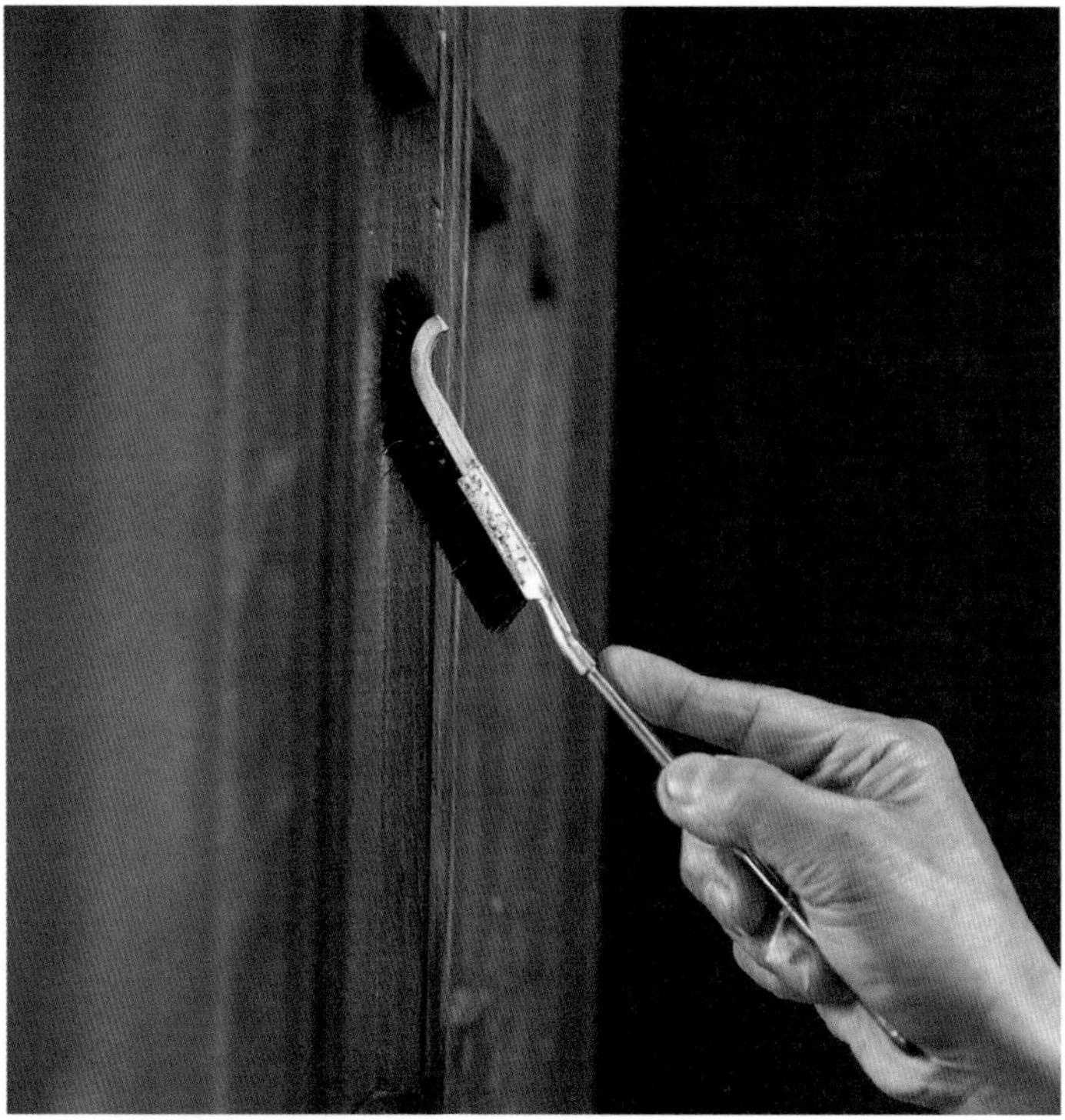

●適材適所の道具たち

1／雑巾とトタンバケツ。雑巾は、新品のときは台ふきんとして使い、汚れてきたら廊下や家具の掃除に、この写真のようにボロボロになったら玄関の土間用に。2／豆バケツ。3／和ぼうき　東京型。ほうき草を使ったほうき。やわらかいので畳の部屋の掃き掃除に。4／シュロ棒たわし。握ってゴシゴシこすりやすい形。5／シダ庭ぼうき。古くから屋外用ほうきの定番素材であるシダを使った、シンプルで無骨なほうき。6／スクレーパー。こびりついた汚れを落とす。7／チャンネルブラシ。何かと重宝。8／シュロたわし。風呂場や台所のシンクなど、水回りの掃除に。9／左官ブラシ。角度が変わるので風呂場の壁をこするのに便利。風呂桶を洗うときにも使う。10／はたき。こまめにほこりをはたいておけば、拭き掃除の頻度を少なくできる。11／トタンのちりとりと小ぼうき。コーヒーの粉を集めるときなど、食卓周りで使う。

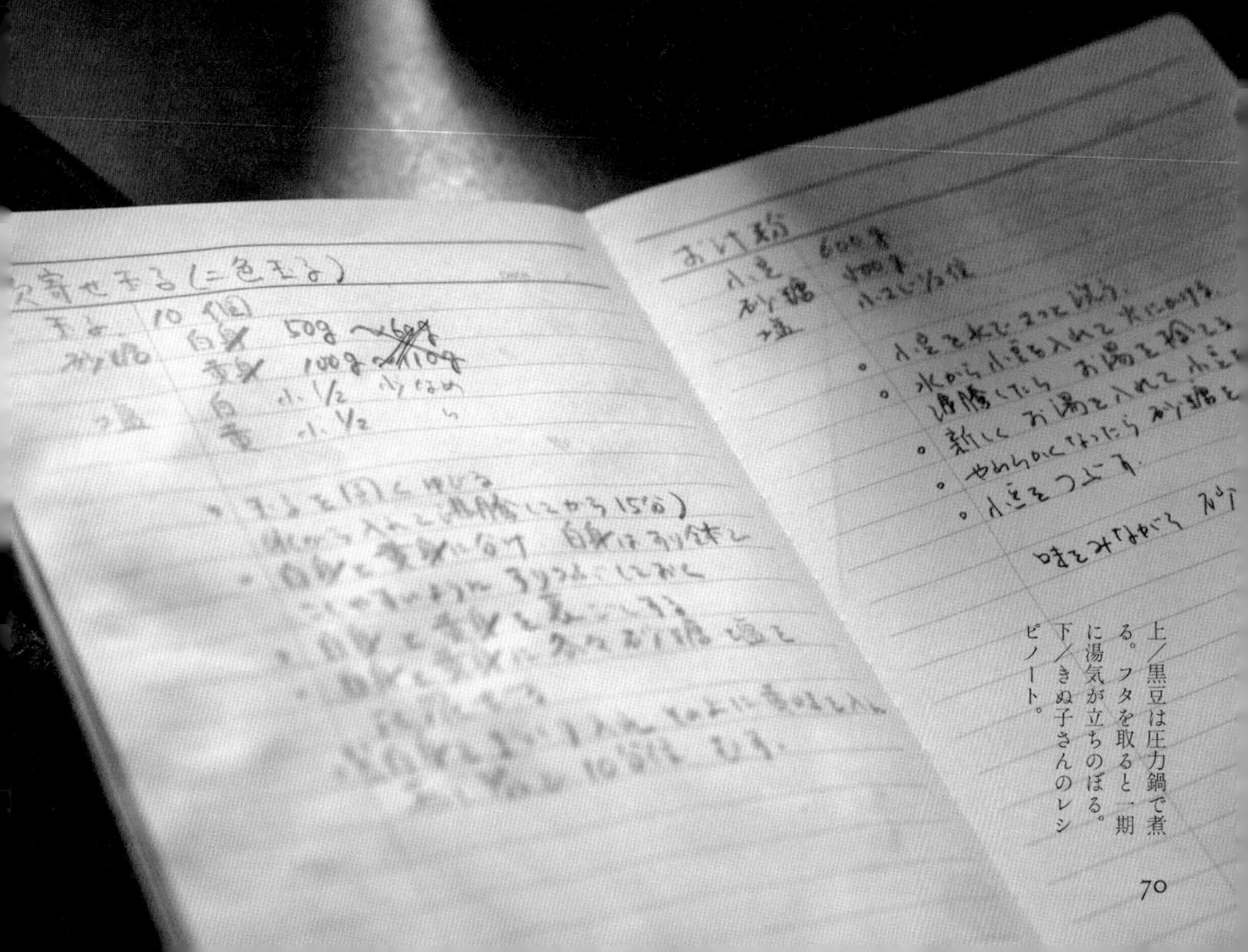

上／黒豆は圧力鍋で煮る。フタを取ると一期に湯気が立ちのぼる。下／きぬ子さんのレシピノート。

きぬ子さんのおせち、冨久子さんのおせち

二世帯で暮らす松野家には、ふたつのおせちがあります。冨久子さんのおせちと、きぬ子さんがこしらえるおせち。どちらも松野家のお正月に欠かせない味です。

冨久子さんは、25日頃から少しずつ準備していきます。もともと甘い味つけが好みなので白砂糖を贅沢に使い、時間をかけて、奥行きのある甘みを引き出します。

きぬ子さんのおせちは、関西風の薄味。幼い頃からなじんできたかつおと昆布のだしをたっぷりと使ってこしらえます。きぬ子さんの場合は松野屋の仕事が山積みなので、年末近くまで働き詰め。おせちは大晦日の1日勝負!

「1日でつくるコツは、『ざっくりした予定だけ立てて、あとは適当』ってことね」ときぬ子さんが笑います。

ざっくりした予定のひとつめ、前日にしないといけないことを済ませておくこと。たとえば干し椎茸や黒豆を水に戻したり、こんにゃくを手綱にしておくといったことです。

ふたつめ、当日の朝、だしを大きな鍋いっぱいに作る。これがすべての味の基本になります。そして、みっつめ、「先に煮物、あとから油物」。洗い物に手をとられません。

あまりきっちりスケジュールを組んでも、つらくなる。だったら大まかなことだけ決めて、体が動くように進めていけばいい。これが1日おせちのポイントというわけです。

黒豆を煮るときは、古釘を入れます。こうすると豆の色がつややかに輝くのです。サビの出たような古いものならどんな釘でもいいのですが、きぬ子さんはいつも、同じ釘を使っています。使っては乾かしてしまい、また年末になると取り出して、使う。

冨久子さんがやってきて、「きぬちゃん、黒豆を煮たのね。今年はやらないかと思ったら、忙しいのによくやったわね」と声をかけました。「はい、今年もやりますよ」ときぬ子さんが答えると「そうね、お正月は黒豆がないとね」と冨久子さんがにっこりとしました。

「甘味が足りないかな」ときぬ子さんが首を傾げていると、冨久子さんが「そういうときは、お豆を引き出して、つゆだけお砂糖を加えて煮詰めればいいのよ」とひと粒口に含み、「うん、大丈夫。やわらかくておいしいわよ」。

こうやって毎年、レシピノートに書ききれない知恵が増えていきます。来年はさらにおいしくできるでしょう。

準備と勢いが肝心！ きぬ子さんのおせち作り

だし

↓

大鍋に水と昆布を入れ火にかけ、沸騰直前に火を止めて昆布を取り出す。かつおぶしをひとつかみ投入したら、ざるでかつおぶしをこしながら大きなアルマイトのボウルへ。このだしが各種煮物の味のベースになる。

しいたけの煮物

↓

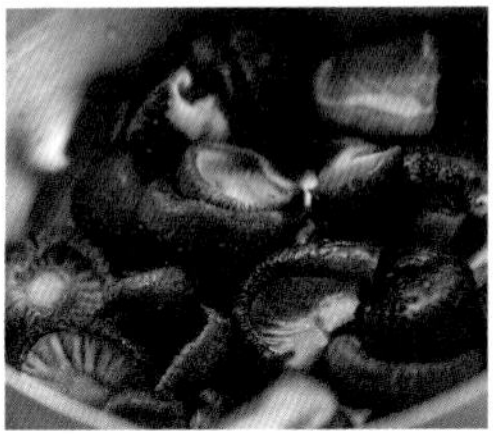

↓

↓

戻した干ししいたけの軸を取り、きび糖、しょうゆ、戻し汁を加えて火にかける。汁気がなくなるまで弱火で煮詰めたらできあがり。

里いもの煮物

↓

↓

里いもの皮をむき、小鍋に里いもとだし、薄口しょうゆ、みりんを入れて火にかける。ペーパータオルで落としブタをして味がしみるまで煮る。煮上がったら保存容器に移し、刻んだゆず皮を散らす。

高野豆腐の煮物

↓

↓

高野豆腐をお湯で戻す。均等に味が入るよう、あらかじめ鍋にだし、薄口しょうゆ、みりんを入れて火にかけ、煮汁を用意する。煮汁がふつふつと沸いてきたら、絞ってカットした高野豆腐を入れ、味がしみるまで煮る。

黒豆煮

↓

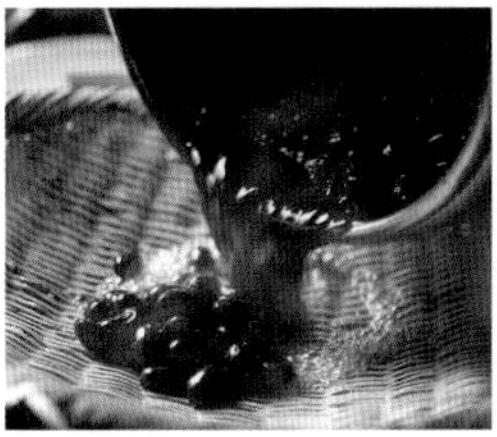

前日の夜から戻しておいた黒豆と、重曹、しょうゆ、きび糖、塩、古釘を圧力鍋に入れて火にかける。20分程度加圧して火を止め、2時間ほど放置。下の写真は冨久子さんから受け継ぎ、何十年も使い続けている古釘。

煮豚

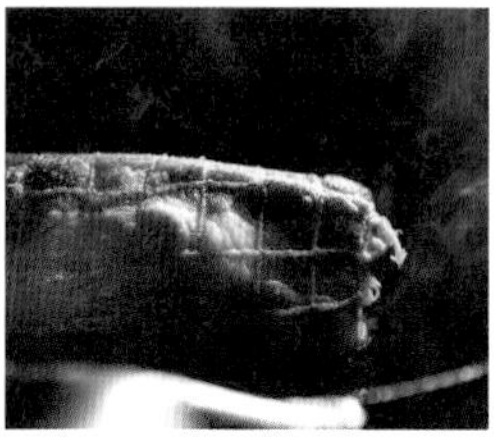

塩こしょうしてタコ糸を巻いた豚肩ロースの表面を、中華鍋で焼く。濃口しょうゆと酒、きび糖、水、さらにネギの青い部分と生姜の皮を圧力鍋に入れて火にかけ、焼いた肉も入れてフタをし、30分ほど加圧すると飴色のてりてりに。

たたきごぼう

皮をこそげたごぼうを長さ5㎝ほどに切り、太さに応じて四つ割りか六つ割りに。水にさらしてアクを抜いてからゆでる。ごまを炒ってすり、きび糖、薄口しょうゆを加えて混ぜ、湯切りしたごぼうをあたたかいうちにあえる。

金時人参の煮物

鍋に水と輪切りにした金時人参を入れて火にかけ、軽くゆでる。少し冷まして型で抜き、小鍋に入れ水、きび糖、薄口しょうゆを加えて火にかけ、やわらかくなるまで煮る。型抜きの残りも捨てずにとっておき、汁物の具や炒め物に。

たけのこの煮物

熱湯を回しかけてくさみを取った水煮のたけのこを、半月切りにする。鍋にだし、薄口しょうゆ、みりんを入れて火にかけ、煮立ったらたけのこを入れ、弱火で5分ほど煮る。火を止めたら、そのままましばらくおいて味をしみ込ませる。

手綱こんにゃく

↓

前日の夜のうちに切って手綱にしておいたこんにゃくを洗って小鍋に入れ、薄口しょうゆとだしを加えて火にかけて炒り煮にする。汁気がなくなり、パリパリと音がしてきたら、かつおぶしをドバっと加え、全体にあえる。

きんぴらごぼう

↓

↓

ごぼうの皮をこそげ、ささがきにして水にさらす。ごま油をしいた鍋を火にかけ、水切りしたごぼうを炒める。火が通ったらみりん、薄口しょうゆを入れ、汁気がなくなるまでさらに炒めてできあがり。

世代を超えて伝えられる味

大晦日の昼下がり、あかねさんがやってきました。3年前から、冨久子さんに栗きんとんを習っているのです。

去年は大きなおなかを抱えて台所に立ったあかねさん。今年は、あのときおなかにいた桜琥くんを抱いての、おせち作りです。

「この子が生まれてから、あたし、なんだかせっかちになっちゃったみたい」とあかねさんがこぼすと、「段取りを組むから、せっかちになるわよね」「そうよねえ」。

母になった3人が、なごやかに語らっています。

あかねさんの栗きんとん作りも3年めとなり、さすが慣れたもの。木べらで練り上げる力強さ、冨久子さんもほれぼれと見つめています。

「いつもおばあちゃんの台所を使って、おばあちゃんの道具で作るけど、さじ加減がわからないんだよね。うちの台所で作ったら、やわらかくなっちゃった」とあかねさん。

「お砂糖の量をちゃんと測るといいわよ。あとは、自分の口がいちばん。口に入れてみて、様子をみいみい作ってみて」と冨久子さん。あかねさんがうなずきます。

●冨久子さんとあかねさんのきんとん作り

1／冨久子さんのレシピノートでおさらい。「裏ごしが大変だから、今年は買っちゃったのよ」と冨久子さん。2／裏ごしさつまいも、白砂糖、みりんを鍋に入れ、火にかけて焦がさないように練り上げる。3／かたさを確認。4／あとは栗を入れれば完成。

冨久子さん直伝！ 松野家の「二色卵」

甘みが足りないんじゃない？
7 4 1
8 5 2
6 3

材料（14×17㎝の流し函1台分）
卵 10個
A 砂糖50g、塩小さじ½弱
B 砂糖100g、塩小さじ½弱

1と2 卵を固ゆでにして殻をむき、黄身と白身に分け、それぞれ裏ごしする。松野家の裏ごし器は、きめこまかに仕上がる、曲輪に馬毛の網のついたもの。
3 作業はきぬ子さんにバトンタッチ。白身を木べらでペースト状になるまでつぶし、Aを加えてよく練る。
4 黄身は飾り用をカップ1杯程度取り分けてから、残りを木べらでペースト状になるまでつぶし、Bを加えてよく練る。
5 流し函に3を入れてスクレーパーで表面を平らに整え、その上に4を入れてさらに表面を平らに整える。
6 5に取り分けておいた黄身を振りかけ、表面を覆う。
7 蒸気の上がった蒸し器に6を入れ、中火で4～5分蒸す。
8 蒸し器から取り出して冷まし、流し函から取り出す。松野家では、毎年冨久子さんが最初に味見をするのがお約束。

松野家のおせち、右の写真がきぬ子さん。左の写真が冨久子さん。冨久子さんは毎年、丸いお重を使います。上段にきんぴらやごぼう巻きを入れ、下段に練り物やハムを入れるのがいつもの形です。一方で、きぬ子さんのおせちは、友人から結婚祝いでいただいた塗りのお重と、宮崎杉のお重に入れます。どちらのおせちも、それぞれに大切な味があります。たとえば冨久子さんの作るごぼう巻きの、こってりとして甘辛いうま味。きぬ子さんの、ひと種類ずつ別々に煮含めた煮物の、やさしい味。

代々受け継いだ味かといえば、そうではありません。冨久子さんは十代で母を亡くしたので、料理は家庭雑誌や新聞記事を参考に、自力で覚えてきました。また、きぬ子さんの実家は牛乳屋と喫茶店を兼業していたので両親ともに忙しく、また、京都には仕出し屋がたくさんあるので、ごちそうは料理屋から取るものでした。

そんなふたりがひとつひとつ自分のものにしていった味が、いつものお重にきちんと詰められています。じつは、ふたつのおせちの中身は、ゆるやかに変わってきました。

きぬ子さんがこしらえる黒豆と二色卵は、もともと冨久子さんのレシピ。冨久子さんが「もう歳だから黒豆作れな

いわ」「二色卵を作るのが大変になってきて」とこぼすようになって「じゃあ、作ります」と申し出たのです。

きぬ子さんは甘い卵料理が好きではありませんが、二色卵については、冨久子さんのレシピに忠実に作っています。この味を残して、受け継いでいきたいのです。

レシピノートは、作るたびに読み返します。生まれたときから知っている味ではないので、自然に任せていると忘れてしまうからです。一方、あかねさんはノートをつけていません。「分量はおばあちゃんをあてにしちゃう」と笑っていますが、舌がその味を覚えています。

二色卵を蒸すときに使う流し函は、毎回、冨久子さんに借りてきます。かつて冨久子さんは「私はもう作らないから」と、すべてきぬ子さんに渡そうとしましたが、「私がもっていると、どこかになくしちゃう」と、きぬ子さんは笑って受け取らなかったようです。冨久子さんの気持ちを思えばこその、ことばにしない思いのやりとり。

冨久子さんの味が、きぬ子さんに、そしてあかねさんへ。きぬ子さんの味も、いつかあかねさんから孫たちへと続いていくのかもしれません。年1回、ゆるやかにつながっていくおせちの味が、いつしかその家の味になっていきます。

◎正月

東京・下町のお正月

おせちを囲んでにぎやかに

明けて元旦。空はすっきりと晴れ渡り、神棚と仏壇に、冨久子さんのお雑煮が供えられました。

冨久子さんが仏壇にお線香をあげると、家族全員が次々と手を合わせます。それから、居間の食卓を囲んで、家族で新年のごあいさつ。今年はあかねさんと暁さん夫妻、そして桜琥くんも加わって、にぎやかな年の始めです。あかねさんの兄の隆明さんは、都合により実家に戻るのは夜になるとのこと。「隆ちゃんも来れたらよかったのに」と冨久子さんが残念そう。

冨久子さんのおせちを囲んで、まずは一献。おちょこを酌み交わしていただく樽酒のおいしいこと！「樽酒、くー！」ときぬ子さんがしみじみ言うと、冨久子さんが「ほんと、おいしいお酒ね」と微笑みます。

冨久子さんのお雑煮は関東風。鶏肉、小松菜、なると椎茸を、すまし汁でいただきます。家族全員、この味が大好き。あたたかいおだしが、体に染みます。


右ページ／冨久子さんの居間に集まり、おせちをいただく。手前の冨久子さんを挟んで弘さんときぬ子さんが座り、奥に暁さん・あかねさん夫妻が並ぶ。　下／樽酒をあけて、「おめでとうございます」。

暁さんは冨久子さんのごぼう巻きをすっかり気に入ったようです。「おいしい!」と箸を伸ばす様子に、きぬ子さんが「ごぼう巻きっていいわよね」とにこにこしています。

そこへ、「ただいま〜」と弘さんが帰宅。じつは弘さん、町内の神社で正月神事に参加していたのです。

神社の行事を支えるのは、氏子にあたる5つの町会の役員たち。弘さんもそのひとりで、毎年大晦日の深夜は初詣客の警備やお接待をし、元日の朝は正月神事に列席します。神主さんの祝詞を聞き、役員全員で童謡の「一月一日」を合唱すると、軽い新年会に。少しお酒が入り、帰宅したときにはいつにも増して陽気になっています。

皆がそろったところで、あらためて乾杯。猫のくまごろうも、弘さんの隣からぴょこんと顔を出しています。お酒が進み、話もはずみます。なみなみと入ったとっくりを手に「たっぷり入っちゃった」と、きぬ子さんが笑い、「いいよ、暁がたくさん飲むから」と弘さんが笑う。

こんな調子で笑ってばかりの松野家。笑う角には福来たる!

さっきまでくまごろうと遊んでいた桜琥くんは、あかねさん

右/きぬ子さんは大晦日から元旦に変わるとき、店に一陽来復のお守りを貼りに行っていた。商売繁盛のご利益で知られるこのお守りは、冬至、大晦日、節分いずれかの夜中の12時に、その年の恵方の高い位置にまつるのがよいとされているため。
左上/冨久子さんのお雑煮。
左下/四世代が集合してなごやかに。

の胸元でおやすみ中です。「来年は桜琥も食べられるかな、おせち」「食卓の周りを走り回ってるんじゃない？」……冨久子さんは、孫夫妻の会話を聞きながら、ひ孫の寝顔をにこにこと見つめています。

しばらくすると、家族は弘さんときぬ子さんの茶の間へ。お茶でひと息入れつつ、きぬ子さんのおせちにも手を伸ばします。「あかねはどれを作ったの？」と暁さん。「二色卵だよね」ときぬ子さんがあかねさんに言うと、暁さんが「これ、にしきたまご、っていうんですか」と不思議そうな顔をしています。

暁さんとあかねさんは中学校の同級生。同じ地域で生まれ育っても、おせちの味は家によってそれぞれに違います。そこが楽しい。面白い。

玄関に飾られているのは、浅草の羽子板市で求めた羽子板です。あかねさんが生まれた年に、女の子を授かったうれしさに求めたもの。それから干支がふた回り以上、あのときの赤ちゃんがすくすく育ち、子どもを授かるなんて、年月はなんと豊かで喜びに満ちているのでしょう。

家族のおしゃべりが続きます。こののんびりした時間もまた、お正月の楽しみなのです。

右上／くまごろうももちろん参加。
右下／冨久子さんが毎年必ず作る炒めなます。大根、人参、れんこん、干ししいたけを炒め、冷ましてから酢、砂糖、油揚げ、ゆず皮、ごまを加えてあえたもの。これも松野家のお正月に欠かせない味のひとつ。
左／玄関先には鏡餅と羽子板。きぬ子さんが干支をしたため、弘さんが花をいける。

おしるこで今年も無病息災に

鏡開きは、お正月の間飾っていた鏡餅を割る行事。歳神様の宿っていた鏡餅をいただくと、一年間健やかに暮らせるのだそう。松野家では、鏡開きした餅をおしるこに。せっかくの縁起ものだから、家族はもちろん、店の皆にもふるまうのが、この家での毎年の習慣となっています。

松の内が明ける7日。きぬ子さんは鏡餅を下げると、水に漬けます。「寒の水に漬けるといいのよね」と冨久子さん。一年で最も冷え込む寒中に汲んだ水は、冷たく冴えて、かたくヒビの入っていた餅が水を含み、手で割れるほどやわらかくなります。これが〝水餅〟。

水餅を焼くときは、無水鍋のフタが活躍します。パンケーキ用のフライパンのように平たく、じわじわと熱を通して冷めにくい。「お義母さん、フタをお借りします」ときぬ子さんが冨久子さんの台所に入っていけば、冨久子さんも心得たもので、「どうぞ。いつもの場所にあるわよ」。

とろ火にかけてしばらくしたら、水をパパッと振ってみる。水滴がサッと消えたら、薄く削いだ餅を並べて、普通の鍋のフタをします。これで、羽二重のようにふわふわに。

おしるこを圧力鍋ごとトートバッグに入れると、きぬ子さんは自転車で事務所に向かいます。荒神様の松は青々と、窓からの光は白く明るく、お正月らしい清々しさ。そんななかで、店の人たちは仕事に精を出しています。

きぬ子さんは荒神様の水をまず新しくすると、炊事場にあるコンロでおしるこの支度。小豆の煮える甘い匂いが事務所に漂ううちに、店の人たちの表情がやわらかくなっていきます。手のあいた人から順番にテーブルにつき、「うん……おいしい」「豆の宝石箱だ」などとひと言、ふた言。「歳神様の縁起物なんだって」と話している人もいます。

食べ終えたらすぐに立って、次の人に席を譲ったり、洗い物を始めたり。年明けはいつだってせわしないもの。それでもおしるこのおかげで、新しい一年をあたたかくスタートさせることができます。

3 1 2 4

1／馬喰町の松野屋に到着したきぬ子さん。自転車の前かごには、おしるこのセットが圧力鍋ごと入っている。2／事務所のテーブルでおしるこをいただく。店の人同士で、「歳神様の縁起物なんだって」と教え合っていた。3／台所を司る荒神様が事務所の炊事場にも。4／あたたかいおしるこで体をあたためたら、あともうひと仕事。

きぬ子さんのおしるこ

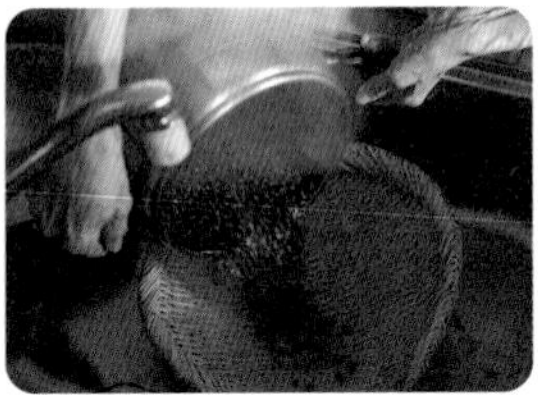

材料（およそ15人分）
小豆　900g
きび糖　500g
塩　小さじ½
餅　鏡餅をあるだけ
水　10カップ

1　鏡餅は1〜2日間程度水に漬け、ふやかしておく。
2　ふやかした餅をひと口大に手で割るか、包丁で切る。
3と4　小豆を洗い（使っているのは農具の箕の形をした「箕ざる」。口がついているので入れたものを移しやすく、とても気に入っているそう）、たっぷりの水（分量外）と鍋に入れて火にかけ、ゆでこぼす。
5　豆と水を圧力鍋に入れて火にかけ、15分程度加圧して火を止める。
6　鍋の圧が抜けたらフタをあけ、きび糖と塩を入れてよく混ぜ、5分ほど煮る。
7　餅を焼く（きぬ子さんはいつも無水鍋のフタを使用）。焼けたら（つながった場合は細かく切って）6に入れる。
8　漆のお椀によそってできあがり。

5	1	
6		
7	3	2
8	4	

◎節分

鬼は外、福は内

右ページ／食卓には、焼いたいわしと、ごった煮。
右上／まく前の豆は升に入れ、神棚へ。
下／仏壇にもお供え。
左上／玄関で豆まき。

家族そろって福を呼び込む

2月3日。まだ足元が冷える日々です。今日は節分、無病息災を願って豆まきをおこないます。

「昔はどこの家からも豆まきの声が聞こえましたけれど、最近は聞こえませんねぇ」と冨久子さんがつぶやきます。一雄さんとふたりで暮らしていた頃は、夫のあとについて豆をまいたものでした。いま先頭に立つのは、弘さんです。

夕暮れ時の神棚には升が供えられ、中には豆がこんもりと。灯明をともしたら、豆を下げてまき始めます。

弘さん、まずは神棚と仏壇のある、冨久子さんの居間に豆をまきます。ご近所さんが驚かないよう、少し声を落として「鬼は外、福は内」、ぱらぱらっ。続いて2階の居間、1階の茶の間とまいてきます。上階から、階下からと、鬼やらいの声と豆の音が響きます。最後は冨久子さん宅の玄関に3人で集まり、「鬼はあー、外！」。

きぬ子さんが夕食の支度を始めると、さっそく玄関で冨久子さんがほうきを使う音が聞こえてきます。すぐにきれいにしないと落ち着かないのが、冨久子さん。厄もきっと、豆と一緒に転がり出ていったことでしょう。

さて、松野家の節分に欠かせないのが、冨久子さんのこしらえるごった煮です。これは甘辛く煮付けた、おでんのようなもの。冨久子さんが作り始めてから、晦日と節分に食卓にのぼるようになりました。

「昔のお姑さんは、お嫁さんがきたら料理はお嫁さんの仕事として、台所を任せていたんですよね」ときぬ子さんが言うと、冨久子さんが「そうそう」とうなずきます。つましい食費をやりくりして、家族の食事を用意する。ごった煮は、若き日の冨久子さんの、知恵と工夫の味なのです。

冨久子さんは、節分の前日からごった煮を準備します。ひと晩寝かせたほうが、甘辛い汁がジュンとしみて、おいしくなるから。時間がおいしくしてくれるごちそうです。さつま揚げ、ちくわぶ、大根、人参、黒こんにゃく。「汁気をしっかり飛ばしたほうが、味がよくしみ込みますからね」と、冨久子さんは大きな鍋を抱え、たっぷりとゆすって汁気を飛ばしています。できあがったら、まず神棚と仏壇へお供えを。これも、毎年の習慣です。

京都で育ったきぬ子さんは、節分といえばいわしが思い出されます。いわしを焼いて食べ、ひいらぎの枝にいわしやめざしの頭を刺して、門口にかける。その匂いを嫌って、

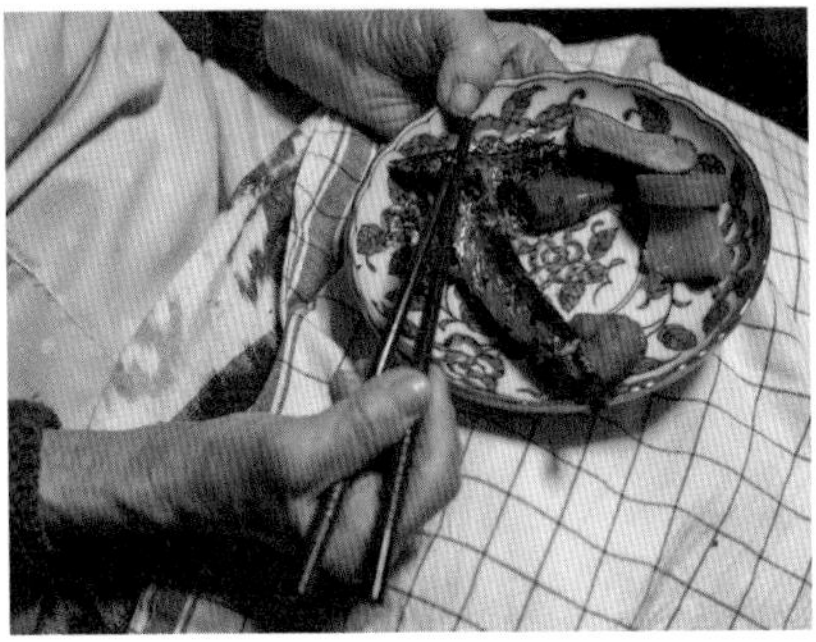

右ページ／まずはごった煮に箸が伸びる。若き日の冨久子さんが作り始めたごった煮は、いまや松野家の味。甘めの味付けで、ごはんが進む。
右上／豆を入れる二升枡には「金龍山浅草寺」と焼印が押してある。
左上／節分の日は、茶の間に集まり、3人そろって夕食をとる。豆まきを終えた当主にまず一献。
左下／冨久子さんときぬ子さんの〝節分の味〟がひと皿に。

災厄がよりつかないと言われているからです。

節分の日は、3人一緒にちゃぶ台を囲みます。食卓に並んだのは、ごった煮と、焼きいわし。前日に石巻に出張していたきぬ子さんが買ってきた、ピカピカのいわしです。升に入れた豆もおつまみのひとつになります。

弘さんは晩酌しながら、ごった煮に箸を伸ばします。

「この味は、私には出せません」ときぬ子さん。

「ちょっと味濃いんじゃない？」と弘さんが言うと「煮詰めすぎたかしらねえ」と冨久子さんが首を傾げます。でも、この味が晩酌にも、白いごはんにもよく合うのです。

おなかが満たされたところで、豆まきの思い出話になりました。弘さんが幼い頃は、節分の日になると友人と連れ立って、近所の神社を回ったものでした。境内でまかれる「福まき」のお金やお菓子を集めるのです。傘をおちょこにして集めてみたり、豆まきが終わってからまだ落ちていないか探したり。いまでも近所の銀杏岡八幡神社で、豆まき行事は続いているのだとか。

懐かしい話をしたり、味付けについて話したり。3人の会話がゆっくりと続き、食事が進んでいきます。

冨久子さんのごった煮

材料（3〜4人分）
さつま揚げ　1〜2種類を各1パック
焼きちくわ　1本
ちくわぶ　1本
こんにゃく　1枚
大根・人参　各5cm程度
昆布　幅1×長さ10cm程度
A　水　2カップ
　しょうゆ　大さじ2
　砂糖　大さじ2
　酒　大さじ2

1　こんにゃくは2cm角程度に切り、ゆでてアク抜きしておく。昆布は水にひたして戻しておく。
2　大根と人参は皮をむき、大根は厚さ1cm程度のいちょう切り、人参は乱切りにする。
3　さつま揚げ、ちくわ、ちくわぶは食べやすい大きさに切る。
4　Aと昆布、昆布の戻し汁を鍋に入れ、中火にかける。煮立ったらさつま揚げ、ちくわ、ちくわぶ、こんにゃく、大根、人参を入れ、フタをし、少し火を弱めて15分ほど（野菜に火が通るまで）煮る。
5　冷めたら保存容器に移して冷蔵庫へ。ひと晩寝かせる。
6　翌日、食べる前に鍋に戻してもう一度火にかけ、あたためながら鍋をゆすって汁気を飛ばす。

家族総出の〝手前味噌〟作り

手前味噌、という言葉がありますが、自分の家で作る味噌は本当においしい。松野家でも、3年前から味噌は自家製。冬の一番寒い時期にせっせと味噌を仕込みます。保育士として、二児の母として忙しく過ごしている娘のあかねさんも「うちで作る味噌が好き」と、味噌作りに参加します。そう、おいしいものは、自然と受け継がれるのです。

きっかけは、きぬ子さんが馬喰町のギャラリーで味噌作りのワークショップに参加したことでした。手前味噌は、前々からやってみたかったこと。喜んで参加したところ、わっ、おいしい！　野菜につけても、味噌汁にしても、やっぱりひと味違う。香りが新鮮で、コクもあって。

以来きぬ子さんは、自ら大豆を取り寄せては、手前味噌作りに勤しんでいるというわけなのです。

1年めと2年めは、4kgちょっとできあがる量を取り寄せて、あかねさんと分けていました。でも、あっという間に使い切ってしまう。そこで今年は、9kg仕込むことに。なかなかの力仕事、よし助っ人を頼もう、ということで、長男の隆明さんにも声をかけました。

3 2 1
6 5 4

こうして始まった、親子3人の味噌作り。せっかくだから秋田杉の味噌桶を新調して、気合も十分。

ひと晩水に漬けておいた大豆は、ぷくっとふくらんで、水の中でつやつやしています。きぬ子さんが大鍋で煮てやわらかくします。隆明さんはその間に、これまた大きなボウルを抱え、麹と塩を混ぜ合わせています。

手を動かしていると、懐かしい思い出が、ふいに口にのぼってきます。「そういえば高校生のとき、部活で味噌を作ったことがあったなあ」と隆明さんがぽつり。

ゆで上がった大豆を3人でせっせとつぶします。面打ち棒に、すりこぎに、それからそれから……。家中のつぶし道具が総動員されて、ごりごり、どんどん、とんとん……。三人三様で必死でつぶす。ところで、弘さんは？と見回せば、「おれはBGM担当だよ」と、ふたりめの孫の柚萌《ゆめ》ちゃ

右ページ／茶の間でわきあいあいと作業中。1／大豆はきぬ子さんがひと晩水に漬け、やわらかくゆでたものを準備した。2／まずは大豆をざるにあけ、水気をきる。3／塩と麹を混ぜる隆明さん。4・5・6／ビニール袋に入れて面打ち棒で叩いたり、すり鉢ですったり、家中のつぶし道具を活用して大豆をつぶす。

3	1
	2
5	4

んを膝に乗せてあやしながら、ポロンポロンとウクレレをつまびいています。

「お父さんはいつもこうだよね。そこにいるけどなんにもしないの」と3人して大笑い。家族4人で暮らしていた頃のように、なにげない時間が流れていきます。

　つぶした大豆と塩麹をよく混ぜたら、雪玉のように丸めては、桶の中に叩き込みます。次々と丸めては、ペチッ、ペチッ。ここでしっかり空気を抜いておくと、カビや腐敗を防ぐことができるのです。最後に酒粕でフタをしてできあがり。これからゆっくりと醸《かも》されて、8月にはおいしい手前味噌ができあがっている予定です。

1・2／つぶした大豆と塩麹をよく混ぜる。コロッケのたねのような感触になる。3／3人がかりでひとつかみ分とっては握り、丸めては桶の中に叩き込む作業をくり返す。4／最後に桶の中をげんこつで押して表面を平らに整える。5／酒粕でフタをし、桶のフタを置き、さらに重石をする。きぬ子さんは小麦粉の1kgパックで代用。隆明さん、あかねさんの家の分は保存容器に詰め、「ラップでフタをしてから重石をしてね」とアドバイス。
左ページ／きぬ子さんお気に入りのざるはこの日も活躍。縁がほころびたところに紺絣の古布を巻いて使っている。

きぬ子さんのお雛様

立春の頃。赤い毛氈《もうせん》に雛飾りを並べると、茶の間が華やいで感じられます。

きぬ子さんのお雛様は、京都で過ごした子ども時代、縁あってきぬ子さんのもとにきたものです。

「子どもの頃、近所の人が祇園のお茶屋さんに勤めていてね。勤め先が閉じるときに、この道具をもらってきてくれたの」

雛道具は、指先でつまめるサイズ。箱書には、「明治八年」とあります。

江戸時代後期から幕末にかけて、幕府が贅沢を禁じたため、小さくて精緻な雛道具が流行しました。これはおそらくその頃の職人がこしらえたのでしょう。

平安時代には、紙のひとがたに息を吹きかけて災厄を移し、川に流していました。これがお雛様のルーツ。ちなみに浅草橋では、いまでもお正月と夏に、神社の氏子にひとがたが配られます。息を吹きかけたひとがたは、神主さんが、船の上から隅田川にまいてくれるそうです。

1	
4	2
5	
6	3

右ページ／茶の間に飾られたお雛様。

1／重箱、盆栽、茶道具、水屋、文房具、遊戯具……弘さんは、茶だんすに収められた竹かごや、赤いほこらに入ったお稲荷さんのつくりに感心する。2／百人一首のふだ。一枚一枚、文字が書かれている。3／裁縫箱。引き出しはすうっとあく。4／小さな人形も一緒に飾っている。5／米粒ほどの小さな碁石。実際に遊ぶこともできる。6／こんな絵馬も。「くまちゃん（くまごろう）に似てるわよね」と冨久子さん。

◎春分
春はおはぎでやってくる

右ページ／できあがったおはぎをお重に詰める。
下／お墓参りから帰ってきた冨久子さん。さっそくおはぎを仏壇に供えてごあいさつ。
左／家族が食べる前に、一雄さんの写真の前に。

ご先祖様と一緒に味わう春の味

お彼岸になりました。きぬ子さんがせっせとこさえているのは、おはぎです。地域によっては、春が「ぼたもち」、秋に作るのは「おはぎ」と呼ぶそうですが、松野家では、春はおはぎがつれてくる。赤飯におはぎにと、行事食の折々に小豆の出番があるのは、一説によると、小豆の赤色が魔除けになると考えられていたからとか。

今年の小豆は、谷中の豆屋で求めました。ゆで汁ごとざるにあけると、湯気がもうもうと上がります。米研ぎざるは、つくづく優秀。湯をこぼしやすいし、竹の編み目がしっかりと、小さな豆粒をとらえてくれます。

こうしてアクを抜いた小豆を、再び圧力鍋で煮て、砂糖を入れて木べらで練る。「小豆を煮るのは出たとこ勝負。ゆで時間とか決めないの」ときぬ子さん。年によって、また産地などによって、かたさも煮え方もまったく変わるからです。ぬらしたすし桶に入っているのは土鍋で炊いたもち米。小さく丸めてあんこで包み、できあがり。できたてのひとつめは、冨久子さんがまず仏壇へ。家族の手の中で丸くなったおはぎ、ご先祖さんも喜んでいることでしょう。

きぬ子さんのおはぎ

6 4 1 2 7 5 3 8

材料（およそ25個分）
小豆　600g
きび糖　600g
塩　小さじ½
もち米　3合
熱湯　9カップ

1　洗った小豆とたっぷりの水（分量外）を鍋に入れて火にかけ、煮立ってから約10分煮て、ざるにあけて水気をきる。

2　1を圧力鍋に入れ、熱湯を加えて火にかける。きぬ子さんはいつも、鉄瓶で沸かした湯を加える。30分程度加圧する。

3　もち米は1時間程度浸水してから炊く。きぬ子さんは毎日のごはんと同様、愛用の土鍋で炊いている。

4　3をすし桶に移し、少し冷めたら適当な大きさの楕円形に握る。

5と6　鍋の圧が抜けたらフタをあけ、マッシャーで小豆をつぶす。きぬ子さんは少し粒が残る程度のしっかりめが好み。

7　きび糖と塩を加えて弱火にかけ、木べらで混ぜながら煮詰めて粒あんは完成。

8　粗熱のとれた粒あんで4を包む。

手のひらで丸めたおはぎ。あんこは冷めるとかたくなることも考慮しつつ、ゆるければ木べらで練りながら煮詰め、かたければお湯を足してゆるめる。

◎入梅

夏がやってくる前に

毎年恒例の梅仕事

6月は梅の月。梅雨というとおり、ひと雨ごとに梅の実は、蒼く大きくふくらんでいきます。

きぬ子さんが自分で梅干しを漬けるようになったのは、いまから10年ほど前のことでした。

「買ってくる梅干しは、なんとなく甘かったり、添加物が入っていたりして、気になって。じゃあ作ってみようか、と、何かに載っていた作り方をノートに書き写したの」

別に、梅干しが大好物というわけではありません。それでも、梅干しがあるとなんとなく安心する。

「おなかの調子が悪かったり、熱があったりしても、おかゆと梅干しがあれば大丈夫、って気持ちになるでしょう?」

梅干しは、防腐の役目も果たします。仕入れの旅に出るときや、店で昼食を食べるときには、梅干しをおにぎりにちょんと入れています。また、知り合いから「梅干しの種を醤油に漬けておくと、おいしいタレになりますよ」と教わってからは、そのタレを瓶に保存しておいて、冷奴にちらりとたらしています。これまた乙な味。

入梅の声を聞くと、きぬ子さんは2kgの梅を買ってきます。仕事や用事が多くて時期を逃しそうになっても、やっぱり「今年も作ろう」と思って、梅を求めます。まだ熟す前の青みがかったその梅をボウルの水にしずめると、今年の梅仕事が始まります。

「梅も生きてるから、おいしく大事に作らないとかわいそうだな、って思うのよね」ときぬ子さん。梅のヘタをひとつずつ竹串で取ったり、ふきんでひと粒ずつ拭き上げたり。地道な作業だけれど、なんだか楽しい。

「そう、手間というより、楽しいのよ。赤しそを揉んでいるうちに、アクが出てくるのも楽しいし、梅酢がぱあっときれいな色に染まるのも、わあって思うの」

どんなに忙しい日々を送っていても、梅仕事をしていると心が落ち着いてくるのは、季節と一緒に生きているという実感が湧いてくるからなのでしょうか。

昔から、梅干しは土用に干すといわれます。夏の土用は、立秋直前の18日間。天気予報を気にしながら、快晴の3〜4日間に、きぬ子さんは大きなザルを物干し場に並べて梅を干します。青かった梅は赤くやわらかくなっています。

「しょっぱいけど、これが自分の好きな梅干しなの」ときぬ子さん、太陽の下で笑っています。

上／去年と一昨年の梅干し。年を経て熟成されていく梅干しの味の違いも楽しんでいる。
中／手順はレシピノートで確認。
下右／毎年使う重石。鉄瓶で沸かした湯をかけて熱湯消毒する。漬物容器はプラスチックなので、焼酎にひたしたふきんで拭き上げてから使う。
下上／梅仕事の材料と道具一式。

梅干し

材料（梅2kg分）
梅　2kg
粗塩　200g
焼酎　1カップ
赤しそ1束（葉をちぎって使う）

用意する道具
竹串、ボウル、平ざる、漬物容器、落しブタ、重石、保存容器

1　梅をさっと洗い、かぶるくらいの水にひと晩漬けておく。朝になったら、ざるにあけて水気をきる。
2　梅のへたを竹串で取る。
3　ふきんで水気を拭き取る。
4　漬物容器の底が見えなくなるぐらい塩を振ってから、梅を並べる。梅と塩が交互になるよう重ねていく。
5　カビが出ないよう、最後に焼酎を入れ、塩を振る。落としブタをしてから重石をして、1日1回は上下にゆする。漬け汁が落としブタより上まできたら、重石を軽くする。4〜6日したら赤じそを塩（別量）で揉んで入れる。
6　土用になったら3〜4日天日干しして完成。保存容器に入れて保存する。

2	1
4	3
6	5

暑さをのりきる夏のしつらえ

梅雨が明けると、日差しが一気に強くなります。アスファルトが敷かれビルに囲まれた東京の街は、蒸し風呂のような暑さとなります。それでも松野家は冷房要らず。

「窓を開け放つと、風が通って涼しいんだよ」と弘さん。

それだけではありません。本格的な暑さが来る前に、家の中を夏仕様にするのです。

茶の間の敷物は、カーペットから籐のものに。これだと素足になっても足の裏がさらっとしていて、立ったり座ったりするたびに気持ちいいのです。ちゃぶ台や棚まで動かして、ふたりがかりの大仕事です。かたく絞った雑巾ですみずみまで拭き清めると、つややかに。

ガラスの引き戸は、ヨシの扉に取り替えます。「これね、仕事帰りに歩いてたら、粗大ゴミに出ていたのを頼んでもらってきたんだよ。古い家を壊して、いらなくなったんだろうね」と弘さんは得意顔。腕のいい建具屋がこさえたのでしょう、スーッと開け閉めできるし、何より玄関からの風が茶の間を抜けて、涼しいのです。

敷物も扉も、冬の間は二階の納戸にしまってあります。

「おう、こんなのが出てきたよ」と、納戸から出てきた弘さんが手にしているのは、竹のうちわ差し。「ああ、懐かしい。実家の両親が買うてくれたものやね」ときぬ子さん。「これ、いいねえ」としげしげと見つめていた弘さん、さっそく手持ちのうちわを立てています。

夏の調度品は、自然素材にかぎります。肌に触れてもベタつかないし、余分な湿気を吸収してくれる。見た目も清々しい。さっぱりした気持ちで過ごすことができます。

二階の部屋にすだれをたらすと、日差しがすっとやわらぎました。ブドウの葉の緑が透かされて、いい風情。はたきをかける弘さんの都々逸《どどいつ》が聞こえてきます。

〽あさがおはァー　ばかな花だよ　ねもない竹にィー
いのちまでもと　からみつくー
夏冬ごとにしつらえ替えをするなんて、面倒なように思われるかもしれません。けれども、そのあとの過ごしやすさを思えばなんのその。気候はすぐには直せなくても、自分の機嫌は変えられる。日々の喜びを用意しておけば、蒸し暑い夏も鼻歌まじりで機嫌よく過ごせるのです。

台所ではきぬ子さんが冷たい麦茶を入れています。そろそろ茶の間で一服しましょうか。

2	1
4	3
	5

1／籐の敷物を茶の間に敷く。２／二階の居間の窓には、すだれをたらして風通しよく。３／ガラスの引き戸をふたりがかりで夏用のヨシ戸に交換。４・５／取り付けたヨシ戸は雑巾できれいに拭いてから使う。外した扉も、はたきをかけてほこりを払ったあと、桟を雑巾で拭いてから納戸へ。

松野家の夏の定番

●うちわ

竹の骨が入ったうちわは、よくしなってたっぷりと風を送ってくれる。手前のものは染め紙のうちわ。奥にあるのは、茨城県で室町時代に作り始められたといううちわで、職人歴80年以上という90代の女性が作り続けている。

●帽子

日よけに、熱中症対策にと、帽子は夏の必需品。とくにラフィアをはじめとした植物素材の帽子は風通しがよく、町歩きにも洒落ている。カンカン帽や中折れハットなど取りそろえ、弘さんは日替わりで楽しんでいる。

●玄関マット

玄関マットも夏仕様に。ジュート（黄麻）やココヤシの繊維などを編んだマットは、足裏がさらっとするので心地よい。出がけに気持ちよく感じられる工夫をしておくのも、夏を機嫌よく過ごす大切なポイント。

●ガラスのもの

冬の間は土もののぬくもりがうれしいけれど、夏はやっぱりガラスがいい。見た目に涼やかだし、氷がカランと鳴る音からも涼を感じられる。なかでも江戸切子のガラスは、きりりとした彫りが美しく、音も澄んでいる。

◎小暑

お盆には小さな火を焚いて

お盆の恒例行事、迎え火またぎ

全国的にお盆といえば旧盆の8月ですが、都心部では明治時代以降、7月におこなうところもあります。松野家のお盆も7月半ば。門口で迎え火を焚くと、その煙を道標に、馬に乗ってご先祖さんが帰ってくるといいます。

ほうろくの上で、おがらがはぜています。そこに重なる雨の音。「あいにくね。涙雨かな」と冨久子さん。仲良しだった猫のくまごろうが、1月に21歳で旅立ったのです。

迎え火またぎは、熾火《おきび》の上を3回ずつ越える風習です。昔から、この火をまたぐと中気にならない（悪い気にあたらない）と伝えられているのです。弘さんは軽々と、冨久子さんはきぬ子さんときゅっと手を握り合って飛び越えます。

仏前には九重椀《ここのえわん》と呼ばれるお膳が据えられ、煮物やぬか漬けなど、朝昼晩にふだんの食事が盛り付けられます。

右上／ほうろくの上にのせたおがら。おがらは麻の茎から皮をはいだもの。
右下／お盆の迎え馬。ちなみに帰りは牛。行きは素早く、帰りはゆっくりどうぞ、という意味。
左／迎え火を焚くのは弘さんの役目。

「いまの人はこんなの、馬鹿馬鹿しいと思われるでしょうけれど……ご先祖様は喜んでいると思いますよ」と冨久子さんは言いながら、一雄さんの好物を一緒に供えています。

かつては、朝になると「おむかえ　おむかーい」と言いながらこの食事を集めに来た人がいたそうです。その人にお供えの食事とお金を渡す。隅田川に持って行って投げている人もいたそうです。

「スピードのある時代になって、こういうことはだんだんなくなっていくだろうけれど……あればほっとするし、なくなってしまうとさみしいですね」ときぬ子さんが言うと、冨久子さんが「そうよ。受け継げることは、伝えていってもらいたいわね」。

迎え火を焚くと、なんだか家の中がふっとあたたかくなった気がします。「みんな来てるんだろうね」と弘さん。「みんな集まるのよ」と冨久子さんがにこっと笑いました。

右ページ／手前から向こう、向こうから手前、再び手前から向こうとまたぐ。上／九重椀。平椀に卵焼き、壺椀に胡麻あえや煮物、親椀に白飯、汁椀に吸い物、高皿に漬物を盛り付ける。

弘さんの屋上庭園

屋上庭園見取り図

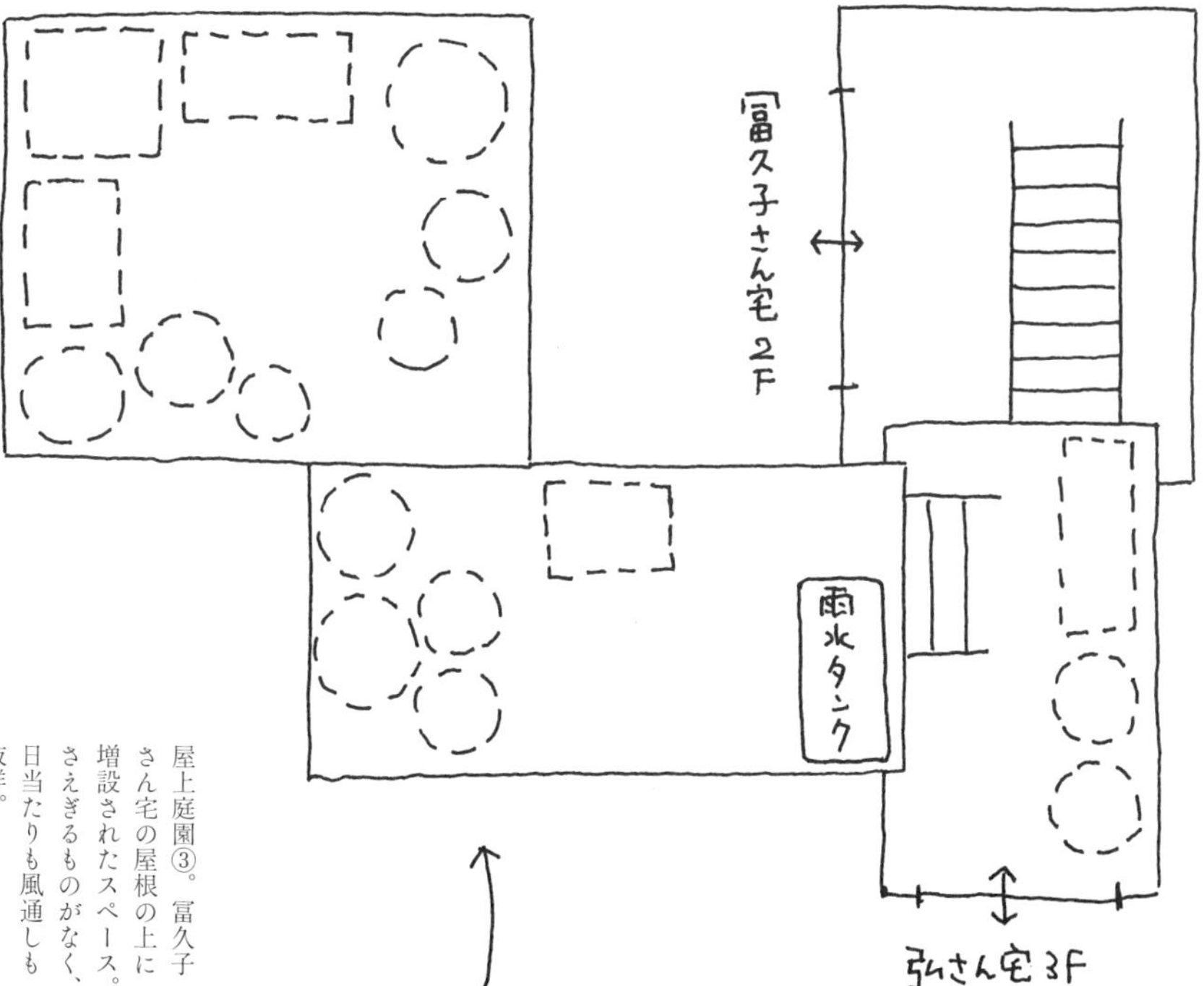

屋上庭園③。冨久子さん宅の屋根の上に増設されたスペース。さえぎるものがなく、日当たりも風通しも抜群。

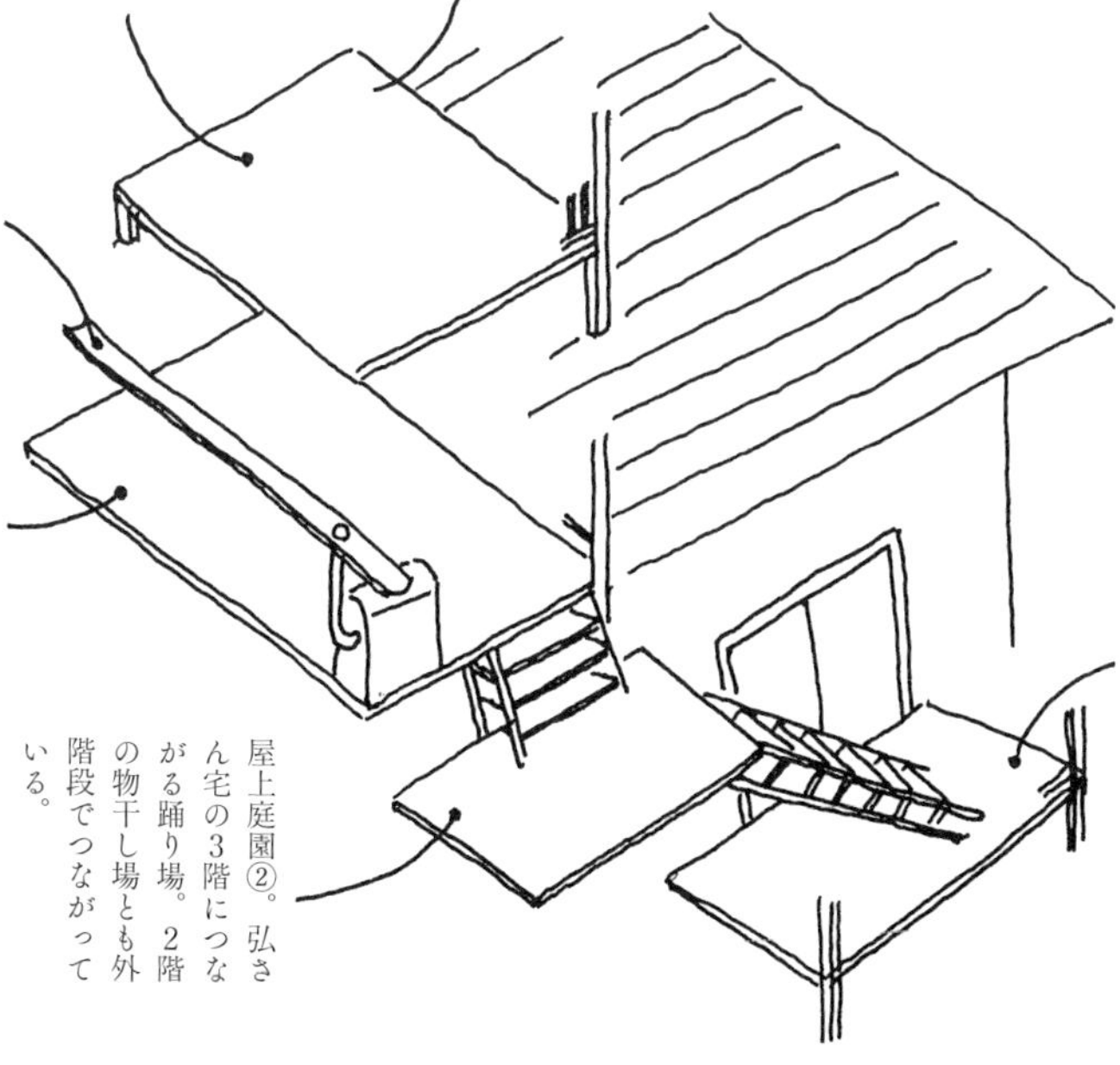

雨樋の水がタンクにたまり、植物の水やりに使えるようになっている。

屋上庭園①。弘さん宅に当初からある物干し場。

冨久子さん宅の2階につながる物干し場。冨久子さんが使用している。

屋上庭園②。弘さん宅の3階につながる踊り場。2階の物干し場とも外階段でつながっている。

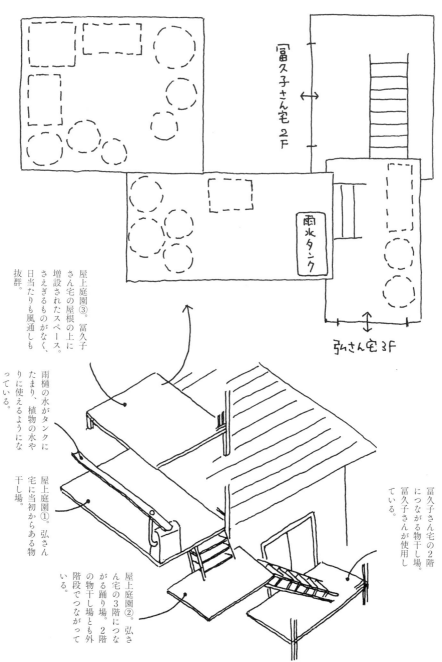

カンカンカンと外階段を登っていくと現れる、松野家の屋上庭園。36ページでもご紹介した、「今日のうちの花」が生まれる「秘密の花園」です。増築に増築を重ねて、いまは3つのスペースが連結されています。

江戸の人々は、珍しい朝顔や椿を育てては、その色や風情を楽しんだといいます。令和の時代に生きる弘さんもまた、気に入った植物を世話しながら、日々の喜びとしています。

物干し場には、いたるところに鉢やプランターが並び、さらには階段の手すりにも。庭に地植えされたぶどうのつるが、外階段や窓枠を伝ってはい上がり、空に向かって葉を広げているのです。

ぶどう以外は鉢植えだから、水やりが欠かせません。一日でも忘れようものなら、夏なんてからからになってしまいます。そんなことのないように、弘さんはせっせと水を与えます。トタンのジョーロでさらさらと、あるいはバケツの水を柄杓ですくって。水のしみた土は色を深め、緑は清々しく香ります。

松野家の人々は、自然の資源を大切に、無駄なく使いたいと考えています。これだけたくさんの植物に毎日水をやるのだから、水道水に頼ってばかりもいられない。そう考えた弘さんが、思いついたのは雨水の活用でした。大きなタンクに雨水をためておき、植物に与えていくのです。

日当たりは抜群、風通しもよし、雨水もたっぷり与えられて。屋上庭園の植物は、じつに気持ちよさそうにぐんぐんと育っています。

屋上庭園コレクション

右ページ右／ノウゼンカズラの手入れをする弘さん。右ページ左／雨水をためたタンク。上段右から／ルリマツリ、バジル、ヒマワリ。中段右から／フヨウ、ニチニチソウ、キキョウ。下段／ノウゼンカズラ。

●弘さんの庭仕事七つ道具
同じトタンでも、ジョーロと柄杓は日本製、バケツはネパール製。ほかにゴム手袋、スコップ、熊手、草取り、そして2種類のハサミ。右が花ばさみで、左が三木の剪定ばさみ。

松野家のぶどう。庭に植えた1本の苗が大きく育った。

庭から壁や外階段を伝って屋上に届くまでに育ったぶどうは、いまや松野家のシンボルツリーのような存在。毎年夏になるとあちこちに実をつけ、夏の終わりには収穫したぶどうが食卓を飾るといいます。一方で、つるがからむし、幹はかたくなる。日差しを好み、水もたっぷり必要……と、気難しいのもぶどう。そんな植物の手入れにも活躍しているのが、庭仕事の七つ道具です。

道具は手になじみ、丈夫なものを使っています。なかでもこだわったのが、剪定ばさみ。鍛冶の盛んな兵庫県三木で手打ちされたものだという「おの義」と銘の入ったはさみは、ぶどうのかたいつるでも、力を入れずにスパッ。

そんなわけで松野家のぶどう、今年もたわわに実っています。

◎処暑

浴衣で集って涼を納める

晩夏を味わう「浴衣の会」

「今年の浴衣まつり、いつにしようか」と弘さんが言い始めたら、夏もあとわずかです。

「勇気を出さないと浴衣を着られないっていう声を聞くから、だったら着る機会を作ろうと思ってさ、30年ぐらい前から始めたんだよ」

下町の人は、幼い頃から親しんだお祭りや花火が生活の一部になります。季節を感じる大切な行事。だったら縁あって知り合った人たちにも、何か小さなお祭りを自分の歳時記としてもらえたら。そんな思いもあるのですが、照れ屋の弘さんはただただ「浴衣まつりしようよ」と気軽に誘うのです。

初めて浴衣を着る人には、きぬ子さんたちが着付けをしたり、浴衣を貸したり。常連さんは自前の浴衣で。夕暮

2時間ばかりの水上バスの旅。弘さんの幼なじみのヒロちゃん（上写真右）や松野屋の平野さん（下写真中央）はじめ、公私問わずつながりのあるさまざまなメンバーが集まった。

れ前、川べりを浴衣で歩くときの爽やかさ。素足で履く下駄の心地よさ！

この日、集まったのは9人。豆菓子やビスケットをしのばせ、カバンの中には冷えたノンアルコールビール。いざ、水上バスに乗り込みます。

屋形船なら風流だけれど、さすがにちくりと懐が痛む。ならば水上バスで気軽に楽しみ、終点は屋外ビアガーデンでおつかれさま、となります。

船上のBGMは、弘さんの小唄。

〽ハァー　まわしの模様は隅田川／百本杭に都鳥／向こうの空に富士の山／高く打ち出す回向院《えこういん》／櫓太鼓《やぐらだいこ》がテンテンと／音の響きや東雲《しののめ》に／主《ぬし》と地取りがヨーォーホホ／ああー　してみーイィーたいぇ

『勝ち名乗り』というこの小唄には、両国橋から蔵前橋にかけての風景と、男女の恋が重ねられています。相撲が

右上／船を降りたところで記念撮影。また来年も皆で集まれますように。
左上／日が落ちる頃、浅草のビアガーデンで打ち上げ。初対面同士もすっかり打ち解けて。
下／くつろいだ様子の夫妻。

おこなわれていた両国回向院、ユリカモメが留まるのは、急流に打ち付けられた無数の杭。目の前の風景と、江戸の風物とが重なります。

「こうして水際から岸辺を眺めてみるとさ、東京の生活が見えてくるよね」と弘さん。東京は、かつて水の都と呼ばれていました。というのも、ここでは江戸時代から昭和の初めまで、水路を使って生活物資を運んでいたのです。人々はまるで自動車を運転するように舟を操っていました。こうして隅田川を進むと、この町に生きた人たちの心が近くなるようにさえ感じます。

川風に吹かれながら、2時間ほどの水辺の旅。いつしか夕焼けが迫り、電線に遮られない広々とした空には、ユリカモメが悠々と。浅草に戻ったら、さあ、お楽しみのビアガーデンへ。今年も良い暑気払いとなりそうです。

◎霜降

秋の山へ。松野家スタイルの山歩き

右ページ／山頂へ向かう弘さんときぬ子さん。ふたりが山へ行くときにいつも背負うのは、弘さんがクラシックな山用リュックをイメージしてデザインした、松野屋オリジナルの帆布リュック。
右・左／／秋の山の草花。右はアワブキ、上はヨメナでしょうか。きぬ子さんは、気になる草花を見つけては、スマホで撮影していた。

ふたりの共通の趣味

弘さんときぬ子さんの縁を結んだのは、登山です。京都での修行時代、二十代だった弘さんは、社会人山岳会に入りました。自分で帆布のリュックを作り、それを背負って山に行ってみたかったのです。東京からたったひとりでやってきた弘さん。それまで、親しい友人もいませんでした。そこは、岩山や冬山にも登る本格的な登山会。そこへ会員のひとりが連れてきた友人が、きぬ子さんでした。実家で営んでいた喫茶店の看板娘だったきぬ子さんは、働くことと自然の中にいることが大好き。こうしてふたりは、時間を見つけては山歩きデートをするように。

「京都は、市中からちょっと出れば山ばかりだから、ニッカ（ニッカボッカ）にハイソックスで、あちこち行ったもんだよ」

結婚して東京暮らしとなってからも、ふたりは登山シーズンになると山へ向かうようになりました。近場の栃木で岩山に登ったり、八ヶ岳や上高地に行ったり。福島の磐梯山は紅葉が鮮やかで美しく、吸い込まれるように歩いていったら、すれ違った登山客に「いま、この先に行ってはい

右／朴の葉を見つけて「大きいね」。
左／山頂までもう少し。
左ページ／筑波山の女体山山頂で記念写真。眼下に関東平野が広がっている。

けません。熊がいました」と教えられたっけ。

「軽い登山なら技術はいらない、競争がない、健康にいい。いいことづくめ！」と弘さん。きぬ子さんも「運動は好きじゃないけど、登山は好き」。

子どもを授かってからは、家族で山へ。子どもたちはどんぐりばかり拾っていて、なかなか前に進まない。やっと歩き出したかと思えば、「だっこー」と甘えたり、「まだ着かないのー？」と口をとがらせたり。そんなことも、いまでは家族で共有できる、楽しい思い出です。

子どもたちがふたりとも巣立ったいまは、夫婦ふたりの山歩きに戻りました。そうはいっても、家業があるので、そうそう長い休みはとれません。1泊のときは前々から準備しますが、日帰りなら、朝起きて「今日、行くか」。働き者のふたりは、フットワークも軽いのです。

この日向かったのは、茨城の筑波山。登り始めこそ観光客が多くいますが、だんだんと緑が深くなっていきます。石畳の上を木の根がうねり、野鳥の声が聞こえてきます。すれ違う人同士が挨拶をかわしていきます。

汗かきの弘さんは頭に手ぬぐいを巻いて、トントンとリズムよく歩いていきます。一方、植物の好きなきぬ子さん

は、時折立ち止まっては草花の写真を撮っています。

頂上まで行くと、視界が開けました。眼下に広がる景色に、誰もが歓声を上げています。弘さんもきぬ子さんも言葉はなくとも、表情が輝いています。

リュックを下ろした弘さんは、18歳のときから使っているというコッヘルでお茶を飲んでいます。きぬ子さんは、「わあ……」と声を上げ、風にのって飛んでいく蝶に見入っています。

山々を眺めながら、弘さんが言いました。

「昔は不便を楽しむスポーツだったけれど、アメリカのアウトドアがブームになってから、便利さを楽しむようになったよね。ナイロン素材で荷物が軽量になって、って。その一方で、木の椅子やティピー（もとはアメリカインディアンが使用していた円錐形のテント）とか、自然素材に目を向けるようにもなってきてる。不便さのなかにも楽しみがあることを、ぼくらはもう一度考えないといけないね」

自然の中を歩くことで、人間の暮らしを振り返ることになる。山歩きって、やっぱりいいことづくめです。

荒物が大活躍！アウトドアごはん

松野家では、「さあ、山に行こうか」となると、使い込まれたコッヘルセットや台所にあるアルマイトのマッコリコップをリュックに入れていきます。

アルマイトは軽量で直火でも使えるからとても便利。コッヘルのフタはフライパンにもなります。マッコリコップも大活躍。持ち手がついているし、重ねられるし、ひとり用のお椀としても使えます。

食材は、冷蔵庫に入っていた肉と、おむすび、それからパックの寄せ鍋セット。冷凍庫に入れていた鯛焼きも忘れずに持っていきます。特別なものを用意していくのも楽しいですが、肩ひじはってしまうし、疲れているときは準備だけでへとへとになってしまいます。だったら、「家で食べる代わりに外で食べるか」ぐらいの気軽さで。

大きな岩をちゃぶ台代わりに、いつもの食材、いつもの道具。鍋の中がぐつぐつと煮えてきたら、山の空気を吸いながらほおばる、ふだんのごはんのおいしいこと！

スーパーで買っておいたパック入りの寄せ鍋セットの中身を、バーナーでしばらくあたためれば、あっという間に汁物のできあがり。冷えた指先に、ぺこぺこのおなかに、汁物がじんわりとしみる。

しっかり歩いたから、スタミナをつけなくちゃ。コッヘルのフタをひっくり返して、フライパンに。軍手をしてしっかりと握ったら、バーナーで。香ばしい匂いに、山道を行く人が皆振り返る！

おにぎりは、ハイキングの定番。しかも秋ともなれば新米で、これまたおいしい。真ん中には、今年の梅干しを入れてある。梅干し入りは腐りにくいので、長時間持ち歩いても安心。疲労回復にも。

山にくると、ちょっと甘いものが食べたくなる。松野夫妻が気に入っているのが、焼き鯛焼き。鯛焼きをバーナーであぶるだけ。焼き目をつけるのが楽しいし、カリッと香ばしくておいしい。

きぬ子さんのアトリエ

右／紡ぎ車のボビン。
左／アトリエの一角。紡ぎ車の周りには、さまざまなかごに詰められた毛糸がたくさん。最近は、「夜8時以降は自分の時間」と決めていて、このアトリエで過ごすことも多い。「すぐに眠くなっちゃうけど」ときぬ子さん。

松野家の3階には、きぬ子さんのアトリエがあります。子どもたちが独立して家を出てから、子ども部屋がきぬ子さんの趣味の部屋となりました。

　学習机には手芸の本とミシン、棒針や定規など道具類。片隅には紡ぎ車もあります。隣の部屋には大きな織り機やストックしている材料の棚。ふわふわの原毛も、毛糸玉も、コットンの布も、持ち主が用を見出し、形にしてくれるのを待っています。

　アトリエは、きぬ子さんがほっと息をつける場所。朝早く起きて糸を紡げば、一日をのりきる力が湧いてくる。夜、眠る前に編み棒を動かせば、心がしずまる。仕事や家事が詰まっているときでも、わずかな時間を見つけては手仕事に精を出します。

　きぬ子さんが初めに覚えた手芸は、編み物でした。

「二十歳ぐらいのとき、実家の近くで、機械編みと手編みを教えてくれる先生に習ったの。年一回、ファッションショーを開くような、情熱のある先生だったのよ」ときぬ子さん。結婚するまで教室に通い、ウエディングドレスも手製のニットでした。

　結婚してからは、雑巾を縫ったり、服のお直しをしたりといった日常の手仕事が加わりました。家の掃除には雑巾が必要だし、子どもは日々成長していくから、服のお直しや穴の修繕は多くなります。必要に迫られてとはいえ、自分の手を動かすことで、暮らしの空間がきれいになり、子どもたちが喜ぶのです。うれしい、それに面白い！

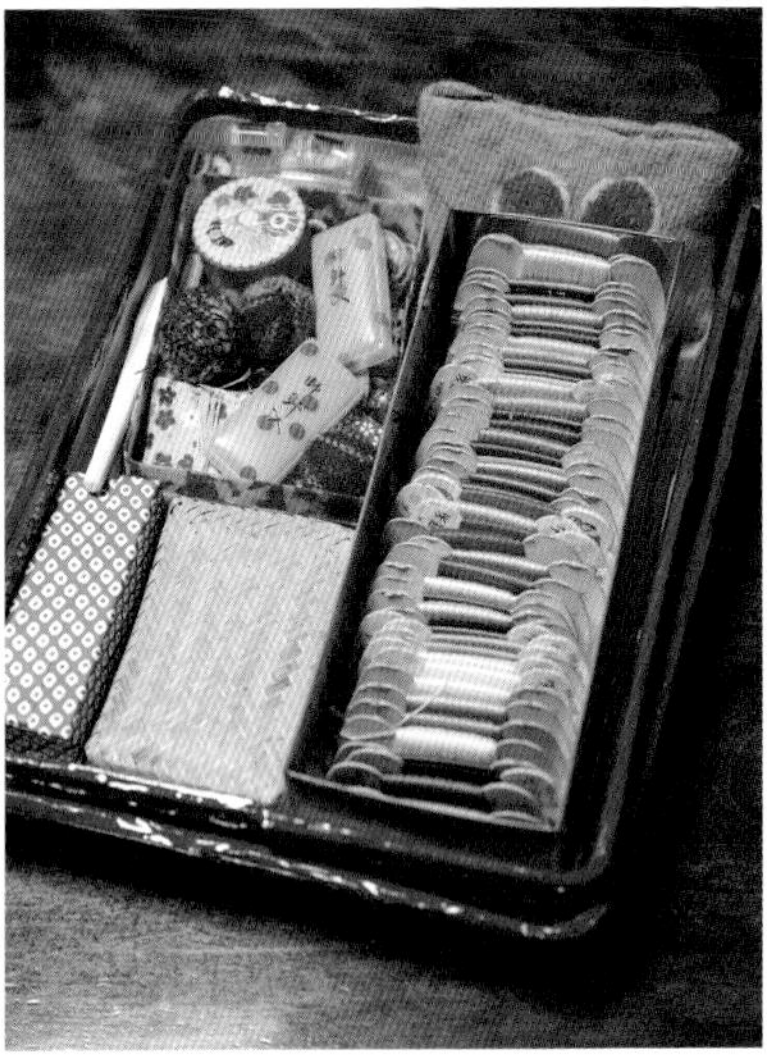

趣味で続けていた編み物を、週末限定で展示しました。場所は、谷中の店の一角です。そんな様子を見ていた弘さんが「せっかくなら、糸から作ったら」と提案しました。奮起したきぬ子さん、今度は手紡ぎを習います。親指と人差し指を使って原毛を糸にしていくのは、不思議で楽しい。それに、原毛はぬくもりがあって、ほっとします。

3階のアトリエができてからは、手仕事スピリットに火がつきました。8年ほど前にさをり織りを少し習い、紡いだ糸を茜で染めたり、それを織ってマフラーを作ったり……。

娘のあかねさんは二児の母となり、きぬ子さんはばあばとなりました。最初の孫は男の子。ズボンに新幹線のアップリケをつけてあげたら、大喜びして、どうしても脱ぎたくないと泣きました。そのかわいいこと、愛おしいことといったら。

二番めの孫は女の子。「この子にかわいいものを着せてあげたい」という思いから、きぬ子さんはソーイングにも目覚めました。馬喰町や日暮里の問屋街で、かわいいプリントの布を買い求めては、かぼちゃパンツにしたり、ワンピースにしたり。

「ソーイングは、1日で終わるのがいいのよね」ときぬ子さん。

さらには自分のブラウスやスカートも縫いました。ロマンチックな、サックスブルーのコットンです。ソーイング本を読んで研究し、わからないところは、松野屋に長く勤める平野さんに教わって。平野さんはかつてフ

右ページ右／越前で作られる一閑張り（いっかんばり）のフタつき箱を、裁縫箱に。その中にラオスの小さなかごやトタンの小箱を入れて、糸を整理しておけば、使いたいときにさっと取り出せる。和菓子の空き箱の中には、古着から取ったボタンが入っている。
右ページ左／手縫いした雑巾。
上／アトリエの棚。籐や竹、シーグラス……さまざまなかごの中に、原毛や糸がしまってある。

ランス人形の工房で縫い子をしていたプロ。ミシンや裁縫にとても詳しいのです。

最近は、刺繍も面白そうだな、と思い始めています。ちょこっと刺繍を施すだけで、手持ちのハンカチやブラウスが愛おしく思えるものです。

ものを大切にする心は、手芸のときにも発揮されます。ほんのちょっと余った糸は、雑巾を縫うときに使います。自分で染めた糸の端っこも、少しだけ余った布きれも、バッグの持ち手の補強に使えば、アクセントになります。古着のボタンも捨てません。ものは、とっておけばきっと何かに役立つ。

そうやってささやかな楽しみを見出しながらも、最近きぬ子さんが思うことがあります。それは、人生の大掃除について。

「いつか何かの役に立つと信じてため込んでいるけれど、役に立つようにするのって、パワーがいることなのよね。歳をとると、だんだんとできなくなっていくと思うの。そう思うと、いつかは大掃除しないと、と思うのよ」と言いながら、きぬ子さんは毛糸玉や原毛を収めてある棚を見やります。

「体力のあるいまのうちに、持っている原毛を紡いで、毛糸玉にしておきたいな。そうすれば誰か興味のある人が、編んだり織ったりできるはずだから」

その糸を紡ぐときもきっと、きぬ子さんは紡ぎ車を回しながら静かな時間を過ごすのでしょう。アトリエはやっぱり、きぬ子さんの大切な場所なのです。

右ページ右／長く使って持ち手や底のすり切れた岡山のいかご（い草のバッグ）を、手織りした布のはぎれで修繕。ちょっとしたアクセントになる。

右ページ左／手作りしたかぎ針モチーフのバッグ。

右／孫の服作りに使用した型紙。

下／自分用の服作りを始めるようになって作った、ブラウスとスカート。それぞれの裾には刺繍もプラスしている。

編み物をするきぬ子さん。最近は場所と問わず気軽に編める靴下編みに凝っている。

第3章　冨久子さんの美しい暮らし

松野家を守ってきた人

松野家は二世帯暮らし。母屋の手前は松野夫妻、母屋の奥は母の冨久子さんと、ひとつ屋根の下を二世帯に分けて生活しています。

冨久子さんは98歳になるいまも、身の回りのことを自分でおこなっています。専用のお勝手で食事をこしらえ、身支度もすべて自分でおこなう。「おふくろは自立していて、すごいんだよ」と弘さんは笑いますが、冨久子さんは「だって、そのほうが気楽ですから」とにこにこしています。

松野夫妻と冨久子さんの住まいを分けているのは、一枚ののれん。のれんの間からはお互いの様子がちらちらと見えるし、物音だって聞こえます。食事の支度が始まれば、のれんの間からだしの香りが漂ってくるし、朝になれば水を使う音が聞こえてくる。かたい扉があるわけではないから、何かあればパッと駆けつけることもできます。

互いの様子を伺えるけれど、それでもやっぱりのれんを一枚。そこに、互いを尊重しながら慎みをもって暮らす家族のありようが感じられます。

そして、弘さん、きぬ子さんの暮らしぶりは、やっぱりどこか冨久子さんと重なります。たとえば、ものを大切にすることや、手作りを楽しむこと、季節の風習を慈しむこと。こうした習慣は、風がのれんの間を行き来するように、親から子へ、自然と伝わっていったのでしょう。

では、冨久子さんの習慣もまた母から受け継いだものなのでしょうか。いいえ、さにあらず。そこには若き日の冨久子さんの、秘めたる苦労がありました。

冨久子さんは山梨生まれ。父親は機械のベルトを販売する仕事をしており、姉は音楽学校のピアノ科へ進み、暮らし向きは安定していたといいます。

甲府の女学校で過ごした日々は、冨久子さんの宝物。明治22年に設立された山梨英和女学校（現在の山梨英和学院中学校・高等学校）は、ミッションスクール。朝のテレビドラマ『花子とアン』の主人公のモデル、村岡花子さん（「赤毛のアン」の翻訳者）も教鞭を執っていた女学校です。そう言われると冨久子さんはちょっとだけ困った顔をします。

「あのドラマの女学校みたいに、夜中に抜け出したり、お酒飲んだりなんてこと、絶対にありませんでしたよ！　だって、私たちの学校は山の麓にあって、夜はひとりで歩い

専用のお勝手に立つ冨久子さんを、猫のくまごろうが見守っている。昭和58年にいまのお勝手に改築したが、それまでは、五徳1個で家族の炊事をまかなっていた。

てはいけないという決まりがあったんです（だから私、いまでも夜は外をひとりで歩かないんですよ！）。それに、先生も生徒も、規律を守って慎ましく暮らしていました」

一学年に一学級。朝は礼拝、そのあとは英語、家政、書道……、ソーイングや着物の仕立て方も習ったそうです。

「上級生と下級生の間でエスなんていうのもあって、私もお手紙をいただいたりしたのよ」と冨久子さんがふふっと笑います。エスとは、シスターの頭文字をとったもので、少女同士の純愛のこと。本を貸し借りしたり、手紙の交換をしたりして、互いを愛しんだのだそうです。

友達に囲まれ、良い師に恵まれた冨久子さんですが、卒業を目前にして、思わぬ出来事が起こります。

「母がガンで亡くなったんです。これからいよいよ、おっかさんに家のことを習おうってときでした」

悲しみも癒えないうちに女学校も卒業を迎えます。

「卒業してからは家にいて、お針のお稽古をしていました。けれど、女親がいないと苦労しますね。ふつうは母親が娘に着物を買ってくれるのだけれど、私は何もなくて。姉がずいぶんと心配して、呉服を買ってくれたりしました」

昭和24年、23歳になった冨久子さんに、縁談が持ち上がります。相手は兄嫁の兄、のちに夫となる一雄さんでした。

「主人は東京で暮らしていましたが、おばあちゃんの代までは山梨でした」と冨久子さん。親戚づき合いがあって、同郷ということもあって、縁談はとんとんと進みました。

「山梨の湯村温泉で祝言を挙げたんですよ。すぐに新婚旅行にでかけて、箱根に二泊三日逗留しました」

こうして東京へやってきた冨久子さん。馬喰町にあった店の一角に所帯をもち、生活するようになりました。

結婚してすぐ、浅草橋のお姑さんから言われたのは「家族の人数分のかい巻きをこしらえておくように」。かい巻きとは、袖のついた防寒用の真綿布団。女はかい巻きぐらいは作れてあたりまえ、というわけです。ところが、早くに母を亡くした冨久子さんは作り方を知りません。お針の稽古でも習いませんでした。

困っていると、女学校時代のクラスメートが甲府から飛んできました。「私が作り方を教える」というのです。

「甲府のお風呂屋さんの娘さんで、三井さんです。いいお友達をもつと、一生助かりますね。三井さんは早くに亡くなってしまったのだけれど、その方の息子さんと弘は、い

冨久子さんの縫ったかい巻き。着物をほどいて作ってある。真綿がふっくらと入っていて、冬でもあたたかい。作り方は女学生時代の友人から教えてもらった。

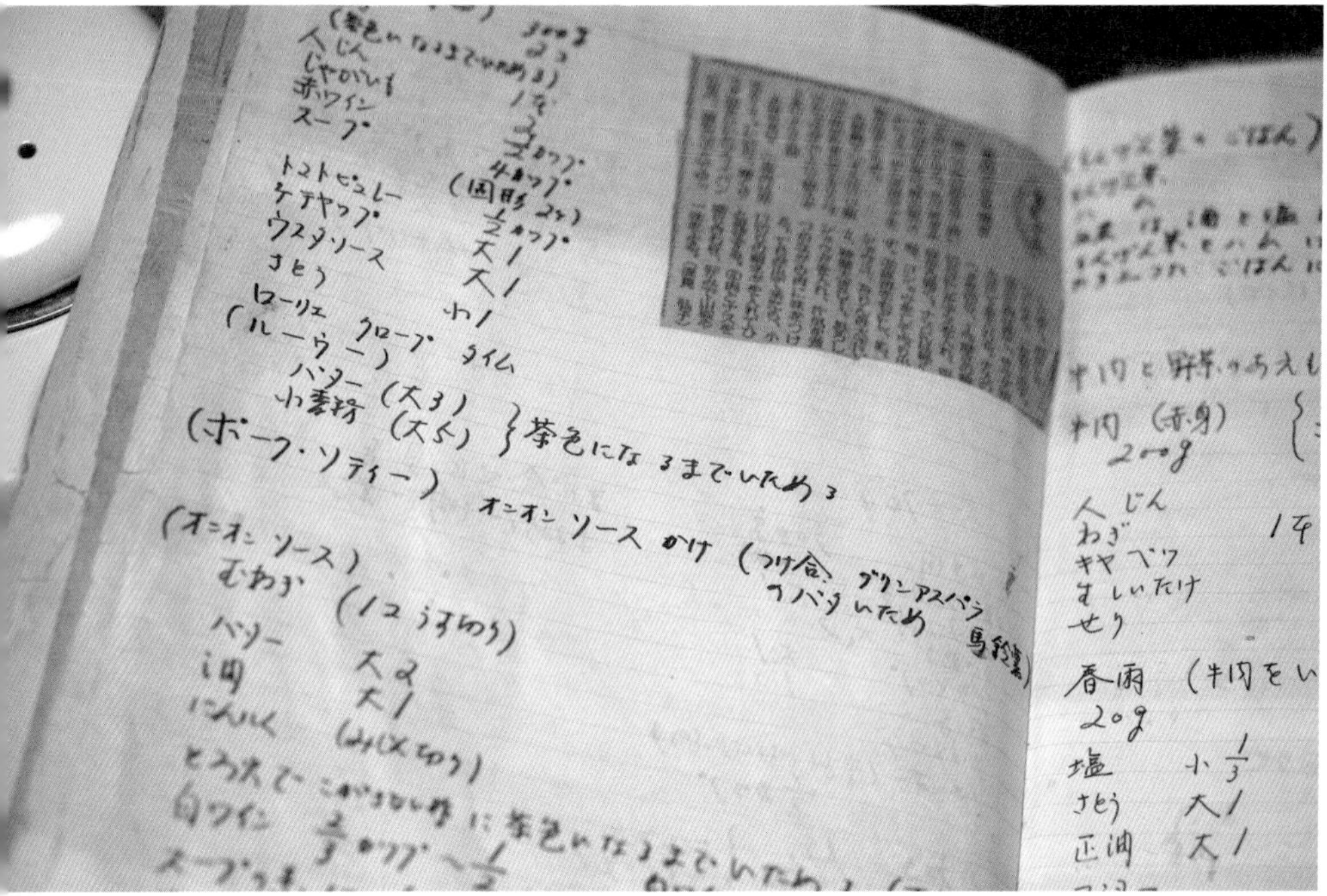

冨久子さんのレシピノート。ハイカラな料理も、和風の料理も手書きでこまかく記されている。

まもとっても仲がよくてね。私は、その子も自分の息子だと思ってるんですよ」

東京での暮らしは、山梨とはずいぶんと違っていました。

「店の前に都電が走っていましてね。朝早く、南千住から銀座へ向かう22番の都電が、ガタンガタンと線路の切り替えをするんです。そのたびに床がドタンドタンと鳴るので、飛び起きていました」

昭和25年に長女の恵美子さんを出産したときは、鳥越から産婆さんに来てもらいました。昭和28年に弘さんが生まれたときは、大学病院。時代は急速に変化していました。

戦後間もない馬喰町には、暮らしに必要なものを扱う、小商いの店が連なっていました。両隣は小間物屋と紙屋。松野屋も当時はかばんの卸しを中心としていました。春の入学期は、2階の御座敷までランドセルが積み上がり、小売業者が競うように品物を取りにきたそうです。

商売は一雄さんに任せ、冨久子さんは住み込みの従業員の食事を用意して。仕事は忙しく、夜遅くまで続きました。冨久子さんも眠るわけにはいかず、行李に布団を敷いて赤ん坊を寝かしつけ、その泣き声を背中で聴きながら、仕事

1958年の「主婦の友」別冊は、冨久子さんにとって家庭料理の教科書。いまでも大切にとってある。

に追われていたといいます。楽しみは銭湯です。

「夜10時頃まであいている銭湯があって、そこに行くと商売人がいっぱいなんですよ。みんな働いていたんですね」

12月になると、商売も佳境になります。30日は夜中の0時を過ぎてもまだまだ終わりが見えません。そんな調子だから、大晦日はテレビを見る暇もない。

それでもお正月はやってきます。浅草寺は混んでいて境内に入れないからと、近所の銀杏岡八幡へ向かいます。ご近所さん同士が白い息を吐きながら新年の挨拶をし、柏手の音が響いている。ああ、無事に新しい年がきた、と、一雄さんとともに息をつくのでした。


弘さんが誕生して半年後、店が火事で全焼してしまいます。明け方、お手洗いに立った冨久子さんが窓の外を見ると、赤々と火が。小間物屋でセルロイドが引火したのです。

「私は恵美ちゃんの手を引いて、美枝子さん（住み込みの女性）が弘をおぶってくれて。いまでも忘れませんよ」

火事を機に、一雄さんと冨久子さん一家は、一雄さんの両親と同居するべく、浅草橋のいまの家へ引っ越しました。

浅草橋の家は、親類縁者が上京したときの宿泊場所にもなっていました。急な泊まりもあれば、受験や出張で長逗留する人もいました。そのたびに冨久子さんは布団を干し、襟には安全ピンでタオルを留めつけます。シーツと寝巻にはパリッと糊をつける。この糊は、ごはん粒をとっておいて水でふやかしたものです。

朝ごはんは焼き魚に新香をつけて、炊き立てのごはんとおみおつけ。そのぬか漬けをほどよく漬けるために、温度と時間を考えておき、朝何時にごはんなら、夜の何時に漬ければいい……と考えておくのです。

「山梨でも、馬喰町でも、浅草橋でも、私は平気に暮らしました」と冨久子さんは笑いますが、実際には人知れぬ苦労があったようです。ハンカチを窓ガラスに貼って怒られたり、傘を家の中で干して叱られたり。

何より苦労したのは、自分の自由にできるお金が一銭もなかったことでした。生活費はその都度、お姑さんから渡されました。派手なことをしない家で、つましいお金で家のことをやりくりしなければなりません。

限られたお金を大事に使うために、冨久子さんは工夫をしました。自分の服と子ども服は、問屋街で安い生地を買ってきて、手作りしました。洋裁は雑誌『装苑』を買って覚えました。毎日の食事は、母に教われなかった分、雑誌や新聞記事の料理欄を切り抜いては参考にしました。

「夏になると、おじいちゃんとおばあちゃんは2週間ぐらい湯治に行っちゃうの。そういうときは羽が伸びて、ほっとしてね。お父さんの好きなカツなんかを揚げて、家族4人で仲良くごはんを食べました」

安くておいしいものを買うコツも覚えました。魚は近所の店がご用聞きに来てくれるから、おすすめに従うといい。野菜は千葉から行商のおばさんが持ってきてくれる。縁側で藍染めの風呂敷を広げて出してくれるものを吟味しながら、献立を決めていこう。苦労は工夫に変わり、少しずつ楽しみが見つかるようになりました。

こうした思い出話を、冨久子さんはぽつりぽつりときぬ子さんに語ります。そうしていつも「自分の好きなように生活するのが一番よ。好きを大事にね」と微笑むのです。

自分のペースで、自分の価値観を大切にしながら暮らしていきたい。冨久子さんの願いを、弘さんもきぬ子さんもわかっています。だからこそ、相手を思いやりながらの、のれん越しの暮らしが続いているのです。

居間には、静岡の日本平へ行ったときの写真が飾ってある。後列左から冨久子さんの兄、友人の三井さんの子どもたち、冨久子さん、一雄さんの妹（兄嫁）、三井さん。前列は左から弘さん、中央の恵美子さんを挟んで兄夫婦の息子の慎一さんと周二さん、冨久子さんの姉の娘の博美さんと息子の一生さん。

右／お手製のゆずローション。作り方を教わったきぬ子さんも愛用している。
左／お勝手から外へ。くまごろうと一緒に庭へ出る。中庭の池にはカメがいる。冨久子さんが出ていくと、顔を出す。
左ページ／ボウルにためた水でふきんを洗う。この水も、植木にやったりして無駄にしない。

冨久子さんの〝あたりまえ〟

姑も舅も亡くなり、愛する一雄さんを見送った冨久子さん。松野屋の仕事が弘さんに代替わりしてからは、「毎日、気楽に暮らしています」と笑います。それでもその暮らしは、いまもなお、規則正しいのです。

まず、朝は5時半に起きると、すぐに顔を洗います。居間の奥にある小部屋で薄化粧をほどこし、爪を磨きます。一雄さんから贈られた三面鏡に姿を映し、髪を整えます。それから猫のくまごろうや、庭の池にすむカメ、メダカに餌をあげます。最近までは近所に体操に行っていましたが、いまはゆっくりと、家の中をひと通り掃除します。

朝7時にはトーストやサラダや卵で朝ごはん。サーモンやソーセージをつけて、たんぱく質を補います。

午前中は家事をして、11時から12時の間に昼食をとると、午後はクラシックをかけながら編み物を。6時に夕飯をとると、洗い物と部屋の片付けをして、しばらくテレビを見てから、夜の9時半には布団に入ります。

本当は、好きな時間に寝起きしたってかまわない。それでも「規則正しくしていないと、なんだか気持ちが悪くて」

と冨久子さんは言います。毎日を同じリズムで暮らしていく。それが健康の秘訣かもしれません。

生活習慣も昔とそんなに変わりません。さすがにもう、親戚が泊まりにくることはなくなりましたが、いまでも、お釜にこびりついているごはん粒は水に流さず、まとめて瓶に入れておき、洗濯糊にしています。

「使い古しのストッキングにごはん粒を入れて、きゅっと絞って、水に溶かすんです。洗濯物をその水に漬けてから干すと、パリッとして気持ちいいですよ」

水仕事をする冨久子さんの手に、あかぎれはひとつもなく、爪には透明のマニキュアまで塗っています。どうやって手入れしているのかと思えば、「ふふふ、自家製のローションを使っているの」と冨久子さん。ゆずの汁と種を焼酎に漬け、グリセリンと混ぜればできあがり。

水仕事の合間に塗ってもベタベタしないし、天然の材料だから安心して使えます。

「焼酎を入れるから、腐らないんです。大きめの瓶に入れておいて、ゆずも焼酎も継ぎ足しながら使うの。グリセリンを入れると、琥珀色っぽくなってくるのよ」

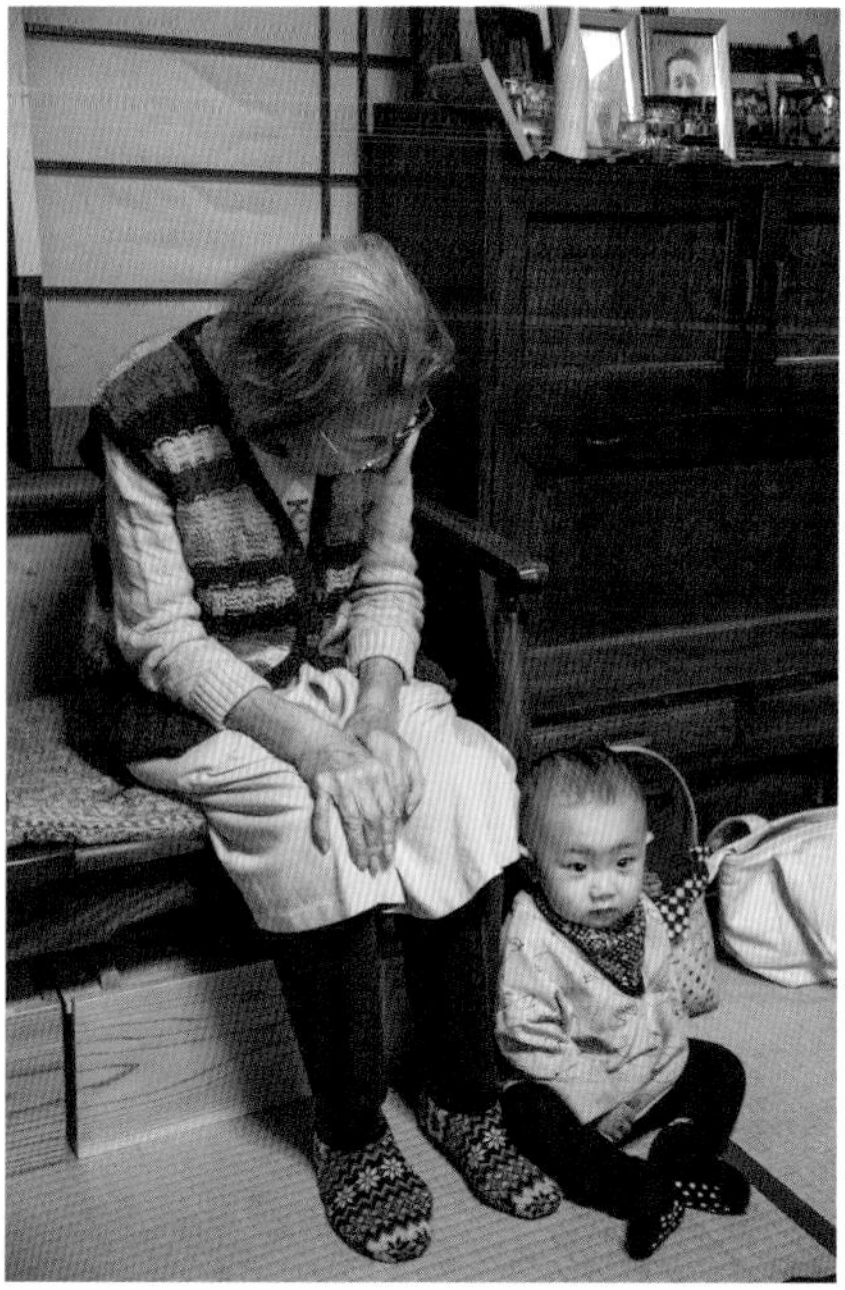

考えてみれば、洗濯糊のごはん粒も、ローションのゆずも、食材の残り。捨ててしまえば生ゴミになるけれど、ひと工夫することで使えるようになるわけです。

「『ものは最低二度使う』がうちの決まりなんだよね」と弘さんが言うと、「戦時中に育っているから、なんでも大事にするのよ」と冨久子さんが答えます。

「戦争中はものがないから、なんでも利用していましたね。おばあちゃんの足袋は何度も継いで、底が厚くなるほど。食べるものがないから、お味噌も、底についたものをぬぐっていました。頭を使って、工夫して、生きていたのね」

菓子缶を封じるビニールテープは、お茶の缶に巻いておいて、もう一度使う。包装紙は本のカバーにする。チラシは切ってメモ用紙にする。紐は捨てずにつなげて玉状に巻き、回収に出す新聞紙を束ねるときに使う。靴下の穴があいたら、すぐにかがります。最近はダーニングという名前で知られている修繕法ですが、冨久子さんによると特別な道具はなく、「靴下に電球を入れてかがるだけよ」。捨てれば一瞬、工夫すればまだまだ使える。それが冨久子さんの〝あたりまえ〟です。

「そういや、水道もお風呂の水も、ちょろちょろちょろっと出すじゃない。あれも節約のひとつでしょ」と弘さんが言うと、冨久子さんが「そうしたほうが、水道のメーターが跳ね上がらないらしいの。それに、蛇口のもちが違うでしょうから」と答えます。


きぬ子さんやあかねさんに請われて、暮らしの知恵を授けることもあります。たとえば雑巾の縫い方でも、冨久子さんの場合、作り方が丁寧。使い古しのタオルに、いらなくなった肌着を挟んだら、四隅をそろえ、きっちりとした

右ページ／ひ孫の「おうちゃん」と一緒に。
友人に教わりながら作った革細工のバッグと小銭入れ。

針目で手縫いしていくのです。その雑巾もつねに予備をこしらえておき、急に必要になったときにも慌てません。

きぬ子さんが「お義母さんは、なんでも早めに準備しておくでしょう。おせちの用意も節分のごった煮も、何日も前から準備しているし、ぬか床に野菜を漬ける時間も考えているし。私は、そこまできちんとできない」と言うと、冨久子さんは「きぬちゃんにはきぬちゃんの暮らしがあるでしょう。それを大切にしていけばいいのよ」と答えます。

時代とともに生活は変わっていく。そのなかで、ひとりひとりが納得しながら、自分の〝あたりまえ〟を作っていけばいい、と思っているからでしょう。

弘さんから、何度か同居を誘われたこともあります。それでも冨久子さんはうなずきませんでした。「ひとりでいるほうが工夫して生活できるから」というのが理由でした。

冨久子さんの〝あたりまえ〟は、単に親から受け継いだものではありません。姉が助けてくれたこと、友人が教えてくれたこと。雑誌や新聞から学んだこと。結婚して新しい家族ができたなかで見つけたこと。

そうした知恵のかけらを必死で集め、何度も繰り返しながら、身につけた。生きていくために、自分の手を信じて

革細工のスリッパ、鎌倉彫の鏡と帽子かけ。家のあちこちに友人と楽しんだ趣味のものが残っている。

夢中でつかんだものが、やがて習慣となって冨久子さんを支えてくれたのです。

その宝物を手放したくない。手元にあるものを上手に工夫しながら、一日一日を重ねていきたい。自分が見つけた〝あたりまえ〟を日々繰り返していくことは、冨久子さんだけが知る誇りと喜びにつながっているのです。

冨久子さんは、趣味の世界も楽しんでいます。

新しいものの好きな一雄さんの趣味は、カメラやオートバイでした。一方、冨久子さんの趣味は、クラシックやイージーリスニングの音楽鑑賞。

さらに、子育てがひと段落すると、冨久子さんの趣味が広がりました。女学校時代の友人たちが代わる代わる、得意なことを教えてくれるようになったのです。

「その頃はもう、おじいちゃんとおばあちゃんは亡くなっていて、うちの二階があいていたんですね。その広間に集まっては、いろいろと教わりましたよ。お友達が先生をしていたので、お習字をしたり、鎌倉彫や革細工をしたり、パウンドケーキも焼いたわね」

革細工の材料は、近所の問屋でわけてもらったそう。お

縁側でくつろぐ富久子さん。この日のニットも、もちろん手編み。

弁当持参で月謝なしの遠慮なし、楽しい時間です。

ともに過ごしてから数十年。学び舎で花のように笑いながら日々を過ごしていた友人たちも、あれから笑ったり泣いたり、人生を重ねてきました。再会し、同じ趣味やおしゃべりを共有する時間は、何よりもうれしい。

友人のひとりに勧められて、水泳も始めました。60歳からのプールデビュー。週2回通ううちに上達して、クロールで300メートル泳げるようになりました。

編み物は、きぬ子さんの影響です。

「洋裁はできたけれど、編み物はやったことがなかったの。けれども、きぬちゃんが上手でしょう。それで、教えてもらうようになったのよ」

そのうち本を見ながら自由に編めるまでに。いまでは、身に着けるニットはすべて手編み。音楽を聴きながら、明るめの上品な色の毛糸を選んで、すいすいと編んでいきます。もちろん、長く着たニットもほどいて編み直し、毛糸を無駄にすることはありません。長袖のカーディガンが、チョッキに。また編み直して、ケープに。次に何を編もうか考えるのが楽しみとなっています。

長い長いおしゃべりをしたあと、「一生っていうのは、長くていろいろですね」と冨久子さんが微笑みました。

楽しみにしていた友人たちとの集まりは、お互いが年齢を重ねるうち、その機会もなくなっていきました。水泳は、数年前からお休みしています。

代わりに、最近はデイサービスに通い始めました。それも「これが自分の仕事であり健康法」とでもいうように、欠かすことなく通い、さまざまな人とのおしゃべりを楽しんできます。

「学校で教わったのは、感謝の気持ちということです。物事は、考えようによって変わるものですよね。いやだと思ったら終わってしまうけれど、楽しみはどこにいても見つかるものよ」と冨久子さん。

「もうそろそろお迎えがきてくれるといいんだけど。あちらには、友達もみんな待っていますから」と言うと、弘さんが「いっつもそう言うんだから!」とちゃかし、きぬ子さんが「なに言ってるんですか」とあとを継ぐ。その様子を横目に冨久子さん、「残念だけど、まだ呼んでくれないみたいね」とにっこりして、こう続けました。

「毎晩、布団の中に入って、『今日一日ありがとうございます』って感謝するのよ。感謝、感謝の日々です」

〝ナイスな暮らし〟を続けるということ

「荒物にはナイスが多い」とは、プロローグでご紹介した弘さんの言葉ですが、松野家の暮らしもまさに、ベストでもベターでもなく、ナイス。初対面でも思わず足をくずしてしまうようなくつろいだ空気と、塩梅のよさがあります。

その秘密を知りたくて、松野家を長年知る人たちが通い詰め、何かというと入りびたってできあがったのが、この一冊です。(じつは私自身は、浅草橋にも縁があります。母の生まれた小さな木造民家は、松野家さんから歩いて30歩。松野家の暮らしは、祖母や母の愛した日常と重なります)。

アスファルトで覆われた東京の町は、一見すると雑然として冷たく見えますが、ここには、折々に喜びを見つけながらの、工夫をこらした生活がありました。

弘さんが折々に口にしていたのが「身をわきまえる」という言葉でした。人を押しのけてベストを目指すのは恥ずかしいし、ベターは妥協しすぎている。自分の能力に見合ったナイスな生き方を選びたい、というわけです。

松野家は、ものはたくさんあるし、家業があるから家事に十分な時間をかけられるわけではない。それでも機嫌よく暮らせる家事を習慣にし、季節の行事を「身をわきまえて」取り入れるうちに、独特の心地よさが生まれてきた。そんなことが、およそ2年に渡る取材を通して見えてきました。

この本は、東京ローカルカルチャーの記録でもあります。

明治維新、関東大震災、戦争に空

襲。東京の街は何度もスクラップアンドビルドを繰り返しています。絶望的な状況にまみえながら、どうしてこの街の人々は、希望を捨てずに生き抜くことができたのか。そのヒントを、松野家の人々からうかがい知ることができます。

下町っ子は、ものも生活も、いつかは変わっていくものだと知っています。それでいて、消えていくものへの愛着も人一倍。捨ててしまえば一瞬だけど、もう二度と手元に戻ってこないことが、身にしみてわかっている。だから、縁あって手元に残っているものを、何かの形で生かしていきたい。

弘さんが、「荒物」という、忘れ去られそうになっていた暮らしの道具を軸に商いをしたのも、考えてみたら当然の流れなのかもしれません。わらび摘みをしなくなり、大量の米を保管しなくなっても、いまの生活に合わせたわらびかごや米びつの使い方を見つけるように。

もうひとつ弘さんの、いかにも下町っ子らしい視点に触れました。

「生活道具というりんごを独り占めして食い漁るのではなく、ちょっとずつ切り口を変えながら、みんなで小さくおいしく、大事にしていこう」というのです。

世間の注目が民藝に集まるなら、自分は荒物を紹介していこう。アメリカのヘビーデューティーだっていいじゃないか。流行を追うよりも、身をわきまえて、できることをしたい、というわけです。

「この考え方は、文化屋雑貨店の長谷川義太郎さんに学んだんだよ。義太郎さんは、いつも『なんにもないから面白い』って言うんだよね」

若き日の弘さんは民藝の影響を強く受け、各地に足を運びました。しかしながら、家業として選んだのは、民藝品よりももっとラフな〝荒物〟でした。旅を重ねるうち、弘さんは、〝用の美〟がいまもなお、荒物というかたちで実生活に根付いていることに気がつきます。

荒物を使うことで、民藝運動の根本を生活に根付かせることができるのではないか。そう考えた弘さんは、かばん問屋から暮らしの道具を卸す店へ、家業の軸を変化させたのでした。日本の荒物、アジアの道具、アメリカのヘビーデューティー、なんでもござーい。

自ら使いながらお客さんに楽しさを伝え、使いながら商う。生活者同士が用の美を自然とわかち合いながら、それぞれの暮らしを続けていきたい。それが弘さんの胸のうちにある願いです。

どんなに世の中が変わろうと、暮らしはずっと続いていきます。大切なのは、ともかく日々生きていくこと。心と手をせっせと動かし、小さな喜びを見つけながら。そうやって生まれてくる生活はナイスでタフで、簡単にはへたらないはずです。

松野家のナイスな暮らしは、これからも続いていくでしょう。そして皆様の暮らしも、ずっと。それぞれの日々が、豊かに紡がれていきますように。

取材チーム　渡辺尚子

暮らしの道具 松野屋

大量生産品でもなく、美術工芸品でもなく、〝民衆的手工業〟と呼ぶのがふさわしいような、無骨で頑丈、味わいのある日用品を扱う。もともとは産地や作り手を探し歩いて見つけだした製品を全国の雑貨店やライフスタイルショップに卸していたが、現在は谷中の店舗で小売も手がけている。

www.matsunoya.jp

［卸］株式会社松野屋
東京都中央区日本橋馬喰町1－11－8
TEL 03－3661－8718
info@matsunoya.jp

［小売］谷中 松野屋
東京都荒川区西日暮里3－14－14
TEL 03－3823－7441
info@yanakamatsunoya.jp

アートディレクション 関宙明（ミスター・ユニバース）
取材・文 渡辺尚子
撮影 大沼ショージ
編集 笠井良子（小学館CODEX）

松野家の荒物生活

2021年12月7日 初版第1刷発行

著者 松野弘／松野きぬ子
発行人 川島雅史
発行所 株式会社 小学館
〒101－8001 東京都千代田区一ツ橋2－3－1
電話 編集 03－3230－5585
販売 03－5281－3555

印刷・製本 株式会社シナノパブリッシングプレス
販売 中山智子
宣伝 井本一郎

Printed in Japan ISBN 978-4-09-307009-6